U0589820

生态品牌发展报告

Ecosystem Brand Development Report

（2022）

编著　|　凯度集团（Kantar Group）
牛津大学赛德商学院（Oxford University's Saïd Business School）
《财经》杂志（Caijing Magazine）

新 华 出 版 社

图书在版编目（CIP）数据

生态品牌发展报告. 2022 / 英国凯度集团, 英国牛津大学赛德商学院, 《财经》杂志编著. -- 北京 : 新华出版社, 2022.9

ISBN 978-7-5166-6390-5

Ⅰ.①生… Ⅱ.①英… ②英… ③财… Ⅲ.①企业管理－品牌战略－研究报告－中国－2022 Ⅳ.①F279.23

中国版本图书馆CIP数据核字（2022）第148385号

生态品牌发展报告（2022）

编　　著：凯度集团　牛津大学赛德商学院　《财经》杂志

出 版 人：匡乐成	出版统筹：许　新　黄春峰
选题策划：潘海平	责任编辑：徐文贤　杨　静　许兼畅
执行编辑：许兼畅	营销编辑：杨　静　许兼畅
封面设计：蒋　宏　刘宝龙	

出版发行：新华出版社

地　　址：北京石景山区京原路8号　　　邮　　编：100040

网　　址：http://www.xinhuanet.com/publish

经　　销：新华书店、新华出版社天猫旗舰店、京东旗舰店及各大网店

购书热线：010－63077122　　　中国新闻书店购书热线：010－63072012

照　　排：六合方圆

印　　刷：河北鑫兆源印刷有限公司

成品尺寸：165mm×235mm

印　　张：12.5　　　　　　　字　　数：120千字

版　　次：2022年9月第一版　　　印　　次：2022年9月第一次印刷

书　　号：ISBN 978-7-5166-6390-5

定　　价：58.00元

版权专有，侵权必究。如有质量问题，请与出版社联系调换：010-63077124

《生态品牌发展报告（2022）》编委会

总策划

匡乐成　潘海平

主任委员

王　幸　何　刚　刘　霄　周云杰

副主任委员

许　新　黄春峰　叶　菡　王梅艳

专家委员会

安德鲁·史蒂芬　陈宇新　费利佩·托马斯　弗雷德·范伯格

蒋德嵩　刘　学　陆定光　罗　松　戎　珂　王　华　吴晓华

于保平　朱　岩　朱兆颖

委员

徐　光　秦洪飞　宫亮亮　刘佳音　徐文贤　杨　静　许兼畅

杨贻斌　程清华　徐博洋　刘瑜欣　潘宇辰　崔萧彬　郭　敏

赵阁宁　杨志清　滕新为　王恩浩　张　溪　贾慧盈

（以上名单不分先后）

卷首语

吴晓华

中国宏观经济研究院
副院长

　　世界百年未有之大变局叠加新冠肺炎疫情大流行，使得我们面临的生产、生活环境的易变性（Volatility）、不确定性（Uncertainty）、复杂性（Complexity）和模糊性（Ambiguity）特征更加显著，即我们正处在一个日益强化的"VUCA"时代。在这样的时代，要实现高质量发展和高品质生活，需要推动经济社会的系统性变革。生态品牌是通过与用户、合作伙伴联合共创，不断提供无界且持续迭代的整体价值体验，最终实现终身用户及生态各方共赢共生、为社会创造价值循环的新品牌范式。生态品牌的灵活性、创新性、整体性和区隔性等特质，使得培育和发展生态品牌成为我们推进系统性变革的战略支点、应对"VUCA"时代的战略举措。

一、发挥生态品牌的宏观效应，让生态品牌成为推动经济高质量发展的重要动力

"推动中国制造向中国创造转变、中国速度向中国质量转变、中国产品向中国品牌转变"，2014 年 5 月 10 日，习近平总书记在河南考察时提出的这"三个转变"，为推动中国经济高质量发展、产业结构转型升级、打造世界一流品牌指明了方向。[①]

高质量发展已经成为当前和今后相当长时期内我国发展的时代主题，而供给侧结构性改革则是主线。推动高质量发展，要求深化供给侧结构性改革。**生态品牌的创立和发展，既是我们深化供给侧结构性改革的重要成果，也是推动经济实现高质量发展的重要力量**。

深化供给侧结构性改革，是在全面分析我国经济发展阶段性特征的基础上持续调整经济结构、转变经济发展方式的治本良方，是培育增长新动力、形成先发新优势、实现创新引领发展的必然要求。习近平总书记指出："供给侧结构性改革，说到底最终目的是满足需求，主攻方向是提高供给质量，根本途径是深化改革。"

---

① 杨凌."三个转变"推动河南企业高质量发展.人民网.2020-05-11.http://henan.people.com.cn/n2/2020/0511/c351638-34007441.html.

满足需求，就是要深入研究市场变化，理解现实需求和潜在需求。**生态品牌的创立和发展，准确把握了全球经济和科技发展大趋势、及时掌握了人民群众日益增长的美好生活需要，适应了时代进步的历史潮流**。提高供给质量，就是要减少无效供给、扩大有效供给，创新现有生产要素配置和组合，优化现有供给结构，提高现有产品和服务功能，着力提升整个供给体系质量和全要素生产率，从而使得现有的产业链产出效率更高、商业模式更新、成本控制更好，使现有的供应链差异化匹配能力更强、交易空间更大、竞争效率更高，进而使整个产业链和供应链韧性更强和核心竞争力更高。**生态品牌的创立和发展，正是依托强大的国内市场，整合现有产业链和供应链，增加有效供给，提高供需匹配性，畅通国内大循环、促进国内国际双循环的生动而富有成效的重大实践，为推动经济高质量发展做出了重要的原创性贡献。**

推动高质量发展，深化供给侧结构性改革，还是我们确定发展思路、制定经济政策、实施宏观调控的根本要求。生态品牌的创立和发展，无疑也为我们加快形成推动高质量发展的指标体系、评价标准提供了重要的参考内容，值得我们在宏观层面高度重视。

二、发挥生态品牌的中观和微观效应，让生态品牌成为增强经济发展韧性和提高生活品质的重要推手

由中国企业所引领实践的生态品牌范式，聚焦优质供给品牌，快速精准满足用户的一站式、个性化消费升级需求，干了单一企业、

单一行业想干而干不了、干不好的事，实现了需求牵引供给、供给创造需求的高水平动态均衡，有力、有序、有效推动了质量变革、效率变革和动力变革。

质量变革是高质量发展的基础保障，生态品牌的创立和发展是引领质量变革的基础力量。生态品牌战略的实施，就是要根据市场和技术的变化，持续创新影响产品质量、生产质量和生活质量的生产经营体制和竞争机制，进而提升消费者的获得感、安全感和体验感，全面提升生活质量，最终完善促进消费的体制机制，增强消费对经济发展的基础性作用，促进经济高效循环。

效率变革是高质量发展的主要内容，生态品牌的创立和发展是推动效率变革的主要路径。一般认为，这里的效率主要包括生产效率、市场效率和协调效率三方面内容。生产效率则又主要强调要素配置效率、企业运行效率和生产组织效率三方面内容。市场效率一般也主要包括市场准入效率、市场匹配效率和市场交易效率三方面内容。协调效率则主要是指经济与社会、经济与生态之间的协同关系和运行效率。根据对生态品牌领航者的观察，我们可以清晰地发现，生态品牌的创立和发展能够有效创新要素的市场化配置，创新企业的组织方式和经营方式，有效促进企业适应个性化、多样化的需求变动，创新经营理念和管理方法，推进供给体系创新，有效实现供需动态平衡，推进中国由"制造大国"迈向"制造强国"。

动力变革是高质量发展的关键保障，生态品牌的创立和发展为动力变革提供了关键一招。动力变革是指供需支撑能力和生产要素保障能力的变化调整。从供需支撑能力来看，主要是针对供给和需求在宏观经济运行中的主导作用变化；从生产要素保障能力来看，则包括劳动力、土地、资本等传统要素和技术、文化、数据、生态环境等现代要素对经济增长的带动作用大小变化。根据对领先的生态品牌的观察，我们可以清晰地发现，生态品牌的创立和发展很好地适应了我国社会主要矛盾的转变，更加突出了高质量供给在经济运行中的主体地位和主导作用。长期以来，我国都面临着"人民日益增长的物质文化需要"与"落后的社会生产"之间的矛盾，需求处于主动地位和主导作用，扩大生产规模、提高产出增速、满足需求增长成为我国经济增长的重要动力。而随着我国社会主要矛盾逐步转化为"人民日益增长的美好生活需要"与"不平衡不充分的发展"之间的矛盾，提高供给的质量和水平，优化供给的结构和体系，满足"以人民为中心"的多层次、个性化和灵活性需求成为新的经济发展动力。根据对现有生态品牌实践的观察，我们还可以清晰地发现，生态品牌的创立和发展突出了技术、文化、数据、生态环境等现代要素对经济增长的带动作用，生态品牌成为智能经济时代的"弄潮儿"。

三、发挥生态品牌的溢出效应，让生态品牌成为引领中国品牌行稳致远的重要方向

追求品质、品位、品格，已经成为我国品牌经济发展的主方向，也是提高人民生活水平的主潮流。大力宣传知名自主品牌，讲好

中国品牌故事，提高自主品牌影响力和认知度，已经成为全国上下的共识。自2017年起，我国将每年5月10日定为"中国品牌日"，就是这一共识形成的重要体现。生态品牌的创立和发展，极大丰富和发展了中国品牌战略的理论体系和实践内容，大大提升了中国品牌战略实施的广度和深度，更使中国品牌战略提高到一个前所未有的崭新高度。

为了发挥好生态品牌对中国品牌战略的引领带动作用，需要加强对生态品牌的理论认知和实践推广。以生态品牌的定义为基础，加快普及生态品牌认证体系也就成了时代的必然要求。正如《物联网生态品牌发展报告》指出的那样，在物联网时代，如果固守传统的品牌模式，试图用单个企业有限的、线性的、确定的创造力去满足无限的、非线性的、不确定的消费者需求，那品牌必定陷入日益脆弱的局面。因而，为中国经济高质量发展考虑、为中国品牌高质量发展考虑，我们需要建立科学而权威的生态品牌认证体系，进一步增加全社会、全企业对品牌战略的思想认知，激发更多企业乃至整个社会的思想齿轮高效耦合运转。

《生态品牌发展报告（2022）》介绍了生态品牌认证体系的评估模型，该模型从三大视角出发衡量品牌表现：共同进化视角、价值循环视角以及品牌理想视角。从这三个视角观察衡量生态品牌的培育和发展，从纷繁的品牌实践中，聚焦表达了品牌共同体意识、品牌永续发展理念和品牌整体价值最大化要求，较为充分地体现了生态品牌的本质内涵和实质要义。共同进化，就是要生态体系内的各参与方共生共进，这是生态品牌蓬勃发展的必要条件；

共同进化表现在品牌与用户持续交互以及与生态合作方协同共创；同时，在品牌构筑的生态中，各参与方之间也能够更顺畅地进行交互与共创，共同推进生态的进化。价值循环，就是要生态体系内的价值持续、循环增长，这是生态品牌永续发展的充分条件；品牌持续为用户及生态合作方创造价值、传递价值、分享价值，形成循环往复。品牌理想，就是要为促进可持续发展及提升社会的整体价值做出贡献，是生态品牌的必然使命；品牌理想的核心是"人的价值最大化"，也就是"以人民为中心的全面发展现代化"，品牌在实现用户、生态合作方、员工价值最大化的同时，也为社会整体价值最大化贡献力量。

《生态品牌发展报告（2022）》还提出了"生态品牌势能图"，并将其划分为颜色由浅至深的三个区域，分布于这三个区域中的品牌分别属于"践行者""突破者"和"领航者"。践行者，有意愿转型为生态品牌，已经有所行动；突破者，生态品牌转型取得突破，进展相对较快；领航者，生态品牌建设取得成果，具有引领作用。将全球品牌的进化体系做了三大象限的划分并进行这样的命名，非常形象直观，也完全体现出发展实际。祝愿越来越多的企业成为生态品牌的勇敢"践行者"，越来越多的企业成为生态品牌的坚定"突破者"，越来越多的企业成为生态品牌的胜利"领航者"，共同汇聚成推动中国品牌高质量发展的磅礴力量。

刘 霄

联办传媒集团副总裁
《财经》杂志社副社长

在数字化互联时代，智能技术与数据的深度应用重构了价值，中国互联网经济在取得数年快速增长后，近年来增长乏力、乱象频出，很多企业都在寻找一种可以持续的商业模式。此时，"商业生态系统"以共同创造、共享价值之特质获得了关注和践行，越来越多的领先企业从平台战略转型为生态战略。在生态战略的探索中，海尔集团创始人、董事局名誉主席张瑞敏先生在 2018 年 4 月首次提出"生态品牌"的概念。生态品牌组织者以自身在技术及商业能力上的深厚积累，以能够连接不同行业具有丰富资源与创新力的众多合作伙伴之优势，获得了逐步扩展的影响力。

如今，社会经济加速向智能化转型，生态品牌组织者以更高效率汇聚合作伙伴，携手为客户提供定制化的整体解决方案，一些领先企业在生态品牌建设上初获成果。2021 年，凯度联合牛津大学赛德商学院、《哈佛商业评论》中文版，推出了生态品牌认证体系，从"共同进化""价值循环""品牌理想"三大视角出发，在"用户体验交互""开放协同共创""终身用户价值""共赢增值效用""社会价值贡献"五大维度上评估与衡量了企业转型生态品牌的表现。

这些企业能够引领先机，并带动诸多合作伙伴实现更高价值，主要是基于它们成功的生态创新，并由此而积累的生态"势能"。在物理学上，势能是储存于一个系统内的能量，不为单独物体所具有，而由相互作用的物体所共有；生态品牌的势能来自该品牌所构建或隶属的生态系统，这些能量可以通过生态内各参与方的协同共创来相互传递，以通过生态品牌创造的价值循环来集中体现，并影响到社会层面。

在展示生态品牌认证结果的"生态品牌势能图"上，"领航者""突破者""践行者"分别激发与传递不同势能，这一能量释放会体现在与生态合作方的协同共创中。在共创中，生态品牌组织者设定通用的标准，提供高效易用的公共资源与基础服务，在用户体验、品牌影响力、技术研发与应用、产品优化、供应链管理等方面充分赋能伙伴，全方位助力伙伴的成长。同时，生态品牌不断延伸产业链上下游的业务，并深度融合跨行业、跨领域合作伙伴的资源，通过打破数据、技术、资源的孤岛，为所有生态参与方带来更强大的落地能力。

生态品牌的能量也释放在与用户的交流交互中。生态品牌联合生态合作方，共同与用户进行深入交互，创造和迭代更优质的体验，与用户建立更深的情感连接，为他们提供全周期的产品、服务和解决方案，由此培育更多对生态保持高黏度的终身用户。

生态品牌组织者本身也会自我驱动成长，不断优化与提升自身表现，吸引更丰富的嵌入资源，包括专有技术、用户数据、商业信用等，更强大地赋能生态系统中的各方合作者，超越原有价值网络的边界，进而在未来形成可持续增长。它们在筑牢与迭升商业生态系统的同时，会持续拓宽应用场景和受众范围，最终进一步提升终身用户价值、共赢增值效用及社会价值贡献。

生态品牌势能的释放，其根本是实现"人的价值最大化"，即基于用户个性化需求、生态合作方需求等，改变创造价值、传递价值的方式。在这一过程中，共同进化是生态持续繁衍生长的关键，成功的商业生态系统在形成共生、互生和再生的价值循环系统的同时，持续扩大系统的边缘，以共同创新获得持久生命力。2000—2020 年期间，各行各业掀起"互联网+"和"平台经济"的浪潮，将全球经济推上一个新台阶；如今，我们正在迎来"生态经济"的时代，积极参与商业生态系统打造与生态品牌建设的企业，将有更大把握实现基业长青。

张瑞敏

海尔集团创始人
董事局名誉主席

品牌的英文单词"BRAND"来源于欧洲中世纪的古挪威语"BRANDR"（烙印）。在当时，游牧部落在牲畜身上烙上标记，以区分自己家的牲畜和其他家的牲畜。

19世纪末的工业革命催生了现代意义的品牌，而后伴随着社会进步和用户需求的迭代，一批批新锐品牌崛起，一些无法跟上时代的传统品牌逐渐被人们遗忘。

有统计显示，在20世纪，标准普尔500指数的成分股公司的平均寿命为67年，而如今的成分股公司的平均寿命下降到只有15年。巴布森学院的研究结果预测：今后十年内，现在的顶级公司中将会有超过 40% 不复存在。这也意味着领先品牌的更迭速度正在加快。

进入物联网时代，用户需求以及产业演进的逻辑发生了深刻变革，企业曾经的优势正快速褪去光环，上个时代的资产很可能成为这个时代的负债，这种变化没有谁可以阻拦或者逃避。在这样一个"刹那生变"的时代，打造品牌必须踏准时代的节拍。对海尔来说，踏准时代节拍就是转型为生态品牌。

生态品牌是一种新品牌范式。往前追溯，消费互联网时代诞生了平台品牌；再往前追溯，传统工业时代诞生了产品品牌。无论是产品品牌还是平台品牌，两者的导向是一样的，都是以追求"股东价值最大化"为目标。但是，生态品牌的导向与前两者完全不同，是以实现"人的价值最大化"为目标。这里的"人"不仅包括享受高品质生活的用户，也包括不断为用户迭代最佳体验的员工和生态方，更包括整个社会的普罗大众。

如今，生态品牌正受到学术界和企业界越来越多的认可。在凯度、牛津大学赛德商学院、《财经》杂志联合发起的 2022 年生态品牌认证中，有近百家企业和品牌关注并申报，并且已经有 12 家品牌成功获得生态品牌认证，为处于生态化转型不同阶段的品牌提供了范本和指引，充分显示了生态品牌新范式的活力和潜力，这将成为商业史和品牌史的一个重要坐标。

物联网时代的经济一定是生态经济，生态品牌正是生态经济的集中表现。生态品牌突破了以单个企业组织为主的创新模式，引入用户全流程参与体验交互，颠覆了传统品牌范式下企业与企业间的零和博弈关系，构建了一个"共创、共赢、共享"的生态经济体系。

转型生态品牌，构建生态经济体系，最重要的是把握三点：首先是实现两个条件，也就是以"生态链交互的无穷进化"为必要条件、以"生态方价值的无穷循环"为充分条件；根本上是坚持一个目标，即以"生态圈扩展的无穷裂变"为目标。

必要条件——生态链交互的无穷进化

产品品牌聚焦一个或多个产品，平台品牌在平台上不断吸纳流量和分发流量，前者基本是一次性的交易，后者是零和博弈。

生态品牌要通过创新来满足用户的个性化需求，不断根据用户需求进行体验迭代。因此单靠一个产品、一家企业无法满足用户个性化且持续变化的需求，这就需要所有生态方与用户不断交互，永远在"自进化"的路上升级用户体验。

充分条件——生态方价值的无穷循环

产品品牌始终无法打破的一个宿命，是产品价格越来越便宜；平台品牌也无法打破另一个宿命，即流量获取和转化成本越来越高，两者都是边际效益递减。

生态品牌意味着所有生态方在为用户创造新体验的同时，能够获得新的价值增量和收益分享。所有生态方为了用户最佳体验这一目标协作创新，通过增值分享不断创造生态价值的新循环，实现边际效益递增。用户体验越好，生态方增值分享越多，从而驱动生态内的各方持续迭代用户体验，这样就形成一种正反馈循环。

目标——生态圈扩展的无穷裂变

产品品牌追求产品高溢价，平台品牌追求平台高流量，而生态品牌追求的是各方高增值。

生态品牌既能为用户创造体验价值，又能让加入生态的各方获得增值分享，充分体现生态方的价值，如此一来，生态圈就会"自裂变"，持续吸引更多有想法、有能力的生态方加入进来，变成一个无边界的开放生态。

作为一种新品牌范式，生态品牌诞生的时间还非常短，需要通过实践来不断完善。希望有更多的企业管理者、品牌建设者和专家学者加入到生态品牌的探索和研究中，让生态品牌不仅可以为企业创造更多的商业价值，也能为全世界贡献更高的社会价值。

只要找对了路，就不怕路远。

前　言

　　全球经济正在慢慢摆脱新冠肺炎疫情覆压之下的阴影，但仍然面临气候危机、日益扩大的社会鸿沟、不断加剧的网络风险和不平衡的全球复苏等问题。[①]如何提振全球经济？新的经济增长动力来自何方？这些问题成为各国政府、企业家和学界面临的共同问题。

　　从历史上的五次经济长周期来看，全球经济的每一次跃迁其实都是人类将能源、信息从自然界中不断解耦，同时利用更好的生产工具和传输手

---

① 世界经济论坛.2022年全球风险报告.2022-1-11. https://www3.weforum.org/docs/WEF_The_Global_Risks_Report_2022.pdf.

段，提高劳动生产率的结果。[①] 而随着物联网、人工智能、云计算、区块链等新一代信息技术的出现，一种新型的智能经济已初具规模。一方面，万物互联推动信息从物质世界中全面解耦，让数据获取的丰富度和颗粒度获得了空前提升。另一方面，随着深度学习、神经网络等人工智能技术的发展，信息处理的效率和深度也发生了革命性变化。二者合力，在智能制造、智能家居、智慧教育、智慧金融、智能交通、智慧城市等各个垂直领域，共同催生了多个"大数据 +AI+ 产业"的全新智能经济形态。

面对智能经济催生的物理世界与数字世界的有机耦合，即便是头部企业也意识到它们无法仅凭一己之力来应对变革。相反，它们必须联合尽可能多的合作伙伴，组成舰队，共同开启探索新大陆的航程，携手为社会创造长期价值。同时，智能经济通过对用户海量数据的实时捕捉和分析，让定制化、可持续迭代的解决方案成为可能。用户的需求能够真正得到满足，用户成为"产消者"，也得以在推动产品、服务的创新上扮演更积极的角色。这些都驱使着企业在智能经济时代重新定义它与用户、合作伙伴乃至整个社会的关系。

这种新型的关系，我们以一种全新的品牌范式来概括，即"生态品牌"。2020 年，我们在《物联网生态品牌发展报告》中正式明确"生态品牌"的定义——"生态品牌是通过与用户、合作伙伴联合共创，不断提供无界且持续迭代的整体价值体验，最终实

---

① 王一鸣 . 物联网 : 万物数字化的利器 . 北京 : 电子工业出版社，2019: 13-14.

现终身用户及生态各方共赢共生、为社会创造价值循环的新品牌范式",并指出生态品牌将成为当前经济体系下最前瞻、最具引领性的品牌范式。

> 生态品牌将成为当前经济体系下最前瞻、最具引领性的品牌范式。

过去两年,随着智能经济逐渐向深水区发展,产业智能化已不仅停留在具有引领和辐射带动能力的大都市,而是走向了更广阔的城市地区、千行百业。伴随着智能经济的深入开展,我们也见证了生态品牌的蓬勃发展。越来越多的品牌开始尝试转型为生态品牌,而那些嗅觉灵敏、更早开始生态化实践的品牌则在夯实它们的生态化运作模式,进一步扩大它们的领先优势。

为了激励更多企业参与生态品牌建设,推动社会经济向更有价值、更有内涵的方向发展,2021 年,凯度联手牛津大学赛德商学院、《哈佛商业评论》中文版共同推出了"生态品牌认证体系",旨在对品牌在生态品牌转型与建设上的进程与成果展开评估。2022 年,凯度、牛津大学赛德商学院以及《财经》杂志联合发起,法国里昂商学院提供学术支持,向全球范围内的企业和品牌开放生态品牌认证的申请。2022 年生态品牌认证吸引了众多渴望把握时代先机的品牌的关注和参与,我们在这里也祝福所有品牌乘风破浪,万里可期!

在《生态品牌发展报告(2022)》中,我们对近年来生态品牌呈现出的新发展趋势,转型生态品牌遇到的挑战、难点做出了系统性的剖析和总结，并通过对生态品牌标杆案例的深度解读，为所有渴望在生态品牌的转型与建设方面不断取得突破的品牌提供理论及实践方面的必要指引。

世界正处于新一轮的剧变中，尽管眼下的图景似乎仍被笼罩在一片灰色的迷雾之中，但随着第四次科技革命从导入期进入全面展开期，我们有理由相信历史仍将在震荡中前行。"生态品牌"这一新品牌范式正在为智能经济时代的品牌进化垒砌坚实的基石。就让我们携手与共，肩负起创新的使命，共同推动这种新品牌范式不断孕育新可能，迸发新活力，为全社会开创更美好的未来！

目　录 CONTENTS

ECOSYSTEM BRAND
EVALUATION
生态品牌认证

Chapter 1
第一章

Forward Thinking
前瞻思考

构建生态品牌的关键
——依托核心能力的创造性整合

刘学
北京大学光华管理学院组织与战略系教授

后疫情时代的商业世界，黑天鹅事件概率持续上升，全球充满不确定性，企业的生存与成功难度不断增加。在商业长期主义宗旨的指导下，如何应对新的商业环境，找到穿越周期的方法，是诸多企业家、管理学者等共同追求的目标。

在颠覆性创新频出的今天，企业的竞争本质已经发生了变化。**竞争不再是简单提供差异化价值，而是要面向未来的市场需求，找到外部新的合作和连接方式，形成商业生态，才能真正实现周期的跨越。**一些具有前瞻眼光的企业在"越来越红海"

的竞争环境中认识到了这一点，在过去几年的探索中，逐渐开启了向"共创、共享、共赢"模式转型的做法。

什么样的商业模式难以被复制？

基于自身的优势进行商业模式创新，曾经一直是许多企业的制胜法宝。但依靠商业模式创新获得的竞争优势常常是阶段性的，而且在如今新的商业环境下，优势持续的时间越来越短；其中的原因很简单，数字技术的深入应用让商业模式的复制变得更加快速。随着这一创新模式渐入困境，管理学术界、企业界开始探索，什么样的商业模式难以被复制？基于智能经济时代的竞争环境与商业特点，我们的研究结论是：**"如果在多维度、多空间、跨场景中，企业与客户能够构建起一种高频率的互动，进而形成比较强的依赖关系，那么也就有了一道护城河，这种商业模式很难被模仿。"** 目前全世界有不少领先的公司都朝着这个方向转型，在这一大趋势下，企业采取了多种多样的具体形式。

构建和参与商业生态圈，是其中的一种重要形式。从市场需求端来说，在智能经济不断影响用户体验的今天，更多情况是，客户需要的并非某个具体产品，而是要更好地实现与特定场景相联系的功能目标，这就需要把技术、功能上互补的产品与实现特定功能目标所需要的流程、方法、标准和知识融合在一起，变成一个解决方案。在客户需求日益升级、产业链愈加复杂的趋势推动下，任何一个企业都无法单独提供完整解决方案中所包含的全部产品，这就需要有能够起到整合、协调作用的企业，准确识别客户需求，高效设计解决方案，客户认可后，再跨产业、跨空间、跨地域整合所需要的资源，然后与合作伙伴共同交付给客户，更有效地满足客户需求。

随着互联网经济的影响力已从高峰时代回落，许多企业开启了转型之路的探索——打造生态模式，这也是一种顺应产业发展生命周期的战略选择。过去七八年，顺应互联网经济的企业都经历了从一个平台市场向多个平台市场，从简单网络效应到复杂网络效应的外延扩张历程。当扩展到一定程度，适合于网络平台的交互业务都基本发展完成了，所以它们又拓展到O2O。但是，线上和线下的再结合，难度就大大增加了；这时候，这些企业就必然要从过去的外延式扩展，转化到内涵式的模式创新，共享、共创等商业模式的各种创新得以涌现，并带动产品型企业、服务型企业等不断进行生态进化。

创造性整合：构建生态品牌的关键能力

无论是构建、加入生态圈，或是打造一个生态品牌，企业自身的核心能力依旧是竞争力的关键。同样关键的是，企业要将核心能力与外部资源进行创造性整合，以满足新兴起的市场需求，从而更具市场影响力，获得更高的利润和更持久的生命力。基于研究，我们发现生态型的企业跨越周期、持续成功的可能性更高。

这些企业都具备四个条件：

一是具有持久、独特性的资源或能力。资源整合不是空手套白狼，如果没有不可替代的资源或能力，对其他企业就不具备号召力。

二是解决方案的设计能力。这需要企业对客户需求有非常清楚的理解，能够实现知识、方法、流程、产品设备的最优匹配与组合。**其关键是能够在客户个性化的需求与公司标准化的系统或流程之间找到最佳平衡点。**每位客户的需求都是高度个性化的，但如果用完全个性化的方式满足客户个性化的需要，成本、质量、工期很可能无法控制，所以供给端必须要有能标准化满足客户个性化需求的系统或办法。只有标准化，供给方的成本、质量、工期才是完全可控的。

三是广泛的、跨产业的外部视野和网络关系。企业要知道谁拥有互补资源，并能够与之建立有效联系。

四是生态系统的建设能力。从机制设计到构建信任关系，再到解决冲突等生态系统的建设能力，大都与传统的企业内部管理能力不同，需要企业下功夫进行深入培育。

这些拥有独特的核心资源与能力的企业，当颠覆性技术出现或是商业环境发生急剧变化的时候，能够面向未来的市场需求，把自己的资源、能力与外部可以利用的资源、能力，按照未来客户的需要进行创造性整合，以成功转型。企业如果不能做出快速灵活的反应，就很容易在竞争中败下阵来。

生态品牌的优势与价值

近几年来，随着"生态"一词的大热，许多企业纷纷宣布自己已转型为"生态品牌""生态型企业"，商业界甚至出现"凡事必谈生态"的现象。如何去伪存真，建立生态品牌的标准，鉴别真正符合生态品牌特征的企业，对于各个行业培育与发展生态具有长远意义。

在生态圈构建与生态品牌的打造过程中，各种高频率的、长期的依存关系背后，基本逻辑是生态各方的利益与投入产出。各方在价值创造过程中所做出的贡献与分享到的价值，应该是基本平衡的。只有这样才能够形成比较稳定的长期交互，并且在过程中不断迭代演进。

如果建立生态品牌的观念和意识，能够得到企业界的重视，对于资源利用效率的提高会起到明显作用。这是因为，当有系统解决方案供应商按照统一标准对各个环节应该达到的用户体验、质量标准、作业流程进行仔细地梳理和规范时，就会提升效率，并减少资源浪费。从生态品牌在社会层面的价值来看，如果企业与合作伙伴、客户具有强烈的共创、共享意识，共同致力于建设一个可持续的生态体系，从而树立信守承诺、公平公正、遵守规则等观念和意识，会提高整个社会的信任度，降低交易成本，这对市场经济更有效的运行和发展极为关键；同时，生态品牌致力于创造价值循环，能够有效助力社会经济高质量发展。

需要注意的是，对于生态圈中某些具有特殊力量的企业，须建立预警机制，以防止其滥用权力去侵害其他参与方的利益，否则所建立的生态就是伪生态。比如在平台企业的生态体系里，平台企业往往拥有太强大的力量，可能会滥用自己的权力，从长期看这对生态系统会产生破坏作用。

如今我们所处的时代，颠覆性创新频出。作为一个拥有生态系统的企业，自己具备独特的资源和能力，同时又拥有广泛的外部合作网络，知道这些跨产业、跨地域的合作伙伴拥有怎样的资源和能力，就可以深入客户的场景中，真正理解客户的需求和痛点。**那么当颠覆性技术出现的时候，就能更好地找到转型方向，更有效地整合互补资源，在颠覆性创新的时代变得更强大。**

生态品牌认证旨在激励、指导更多企业参与到生态品牌建设当中。这一认证体系将对各个行业和社会经济产生影响，帮助更多企业高效地探索生态的演进路径，实现从 1 到 N 的共生进化；推动一场融合消费与生产的社会创新革命，以人为本探寻价值增长的多重循环。参与的企业将通过交流与共创，把握先机、卓越应变，拥有穿越周期的生命力。同时，我们也将和全球领先的品牌咨询机构、管理研究机构合作，在企业如何进行创造性生态整合、领导者的角色转变、组织的敏捷性、数字化人才战略与生态战略设计等方面进行更多研究。

*以上文章仅代表作者本人观点，不代表发布方的观点或立场。如有关于作品内容、版权或其他问题请与发布方联系。

提升韧性，回归品牌核心价值
——为什么不确定的时代需要生态品牌

王幸
凯度集团大中华区 CEO、凯度 BrandZ™ 全球主席

当美国作家纳西姆·尼古拉斯·塔勒布于 2007 年出版《黑天鹅效应》一书时，人们还在努力理解"黑天鹅事件"的三重定义：不可预知性，极端巨大的影响以及人们总是在事后（而不是事前）证明它的可预见性。当时，"黑天鹅事件"还是一个颇为陌生的概念。

也许是个巧合。这本书出版之后，从 2008 年起，世界上就发生了诸多"黑天鹅事件"。从美国次贷危机、英国脱欧、新冠肺炎疫情，再到 2022 年的俄乌冲突所带来的能源危机和通货膨胀。每一件都

在意料之外，也让世界经历了巨大的颠覆。有经济学家将 2008 年定义为"分水岭式"的一年：从 1980 年至 2008 年的约 30 年被称作"缓和期"（The Great Moderation）；自 2008 年以后，世界则进入了"颠覆期"（The Great Disruption）。在颠覆期里，我们会遇到更多的震荡和不确定，2020 年起的新冠肺炎疫情让这个动荡的"秋千"越荡越大。

在这样的大背景下，消费者的行为变化也越来越明显。凯度在 2022 年 5 月中旬进行的覆盖全球 19 个国家 11000 名消费者的研究显示，68% 的全球消费者已经由于不断上涨的通货膨胀而被迫改变生活习惯。此外，45% 的人表示家庭的财务状况正在恶化，44% 的家庭应付每月支出遇到困难，还有 65% 的人认为自己所在国家的经济前景还会变得更差。

当世界进入颠覆期，企业怎么办？

作为全球领先的品牌数据与分析公司，凯度**在服务全球客户 70 多年的历史上，在各个时代里我们都研究成功品牌的共性，预测什么样的品牌具有赢得未来的 DNA。我们发现，虽然时代在变，但成功的品牌都有一个共同点，那就是它们都以"人"为中心。**

因此，当世界的变化越来越频繁、越来越剧烈时，在商业层面上，品牌就越需要回归到自己的核心价值，那就是更加以"人"为中心，更好地将"人的价值最大化"。在技术层面上，世界正在从 PC 互联（互联网 1.0）、移动互联（互联网 2.0）向万物互联（物联网）加速前进。而这两者的结合点就是"生态品牌"这一全新的品牌范式。

从 2020 年发布《物联网生态品牌发展报告》，到 2021 年建立"生态品牌认证体系"，再到 2022 年向全球范围内的企业和品牌开放生态品牌认证的申请，有众多渴望把握时代先机的品牌关注和参与到生态品牌建设当中。目前的这本《生态品牌发展报告（2022）》就是生态品牌最新发展的全面汇报。

生态品牌认证采用了品牌受众定量调研、品牌案例专家评审和品牌关键数据审阅三个评估方式。品牌受众定量调研阶段覆盖了 11 个行业、20 个品类的 C 端、B 端用户方及生态合作方，共收集超过 20000 个数据点。专家委员会由 12 位各领域的中外专家学者组成，出具专业权威意见。认证方结合自有数据库、参评方提交的数据及权威第三方（如标普道琼斯、明晟等）数据，综合分析参评品牌的表现。

根据综合评分，参评品牌被定位到以"共同进化"为纵轴、以"价值循环"为横轴的象限图中，位于第一象限的参评品牌即为获得生态品牌认证的品牌。我们会在第 3.3 章"生态品牌势能图"中公布成功获得生态品牌认证的品牌名单。

纵观入选的生态品牌，他们可以给今天面对重重挑战的品牌建设者们带来很多启发：

● 生态品牌能够与用户和生态合作方建立更深的连接，从而激发更主动、高频和高质量的共创。生态品牌不仅能不断拓宽应用场景和应用范围，敏捷响应甚至预测用户需求，还能借助生态内共赢共生的动态合作机制，最大限度地提高生态合作方的共创意愿与共创度，推动产业进步。

- 生态品牌更有能力培养终身用户，而终身用户则在生态中拥有高体验度、高共创度、高推荐度和高关联购买，与品牌间形成了深层次的信赖，两者互相创造价值。在生态品牌与非生态品牌所有细分属性的对比中，指数化得分差距最大的是"高关联购买"，差距达到了 63 分（生态品牌 115 分 vs 非生态品牌 52 分）。这也从另一个方面说明，生态品牌不仅具有先进的理念优势，也有更可靠和更可持续的商业回报。

- 生态品牌能够打破数据、技术和资源的孤岛，通过整合跨行业、跨领域合作伙伴的资源和能力，帮助生态合作方提质增效，共赢增长。作为生态系统组织者的生态品牌，它们以"有所为，有所不为"为原则，不会狭隘地只关注自己的收益，而是着眼于长远的伙伴关系，提升整个生态系统的价值，以内部的确定性对抗外部的不确定性。

- 生态品牌通过生态的长期、可持续和高质量增长为社会的整体价值提升做出贡献。本次获得认证的跨国生态品牌调动了全球资源体系，助力解决全人类面临的共同难题。生态品牌往往也会以身作则，在其构建的生态内引导生态合作方和用户践行绿色行动；并通过充分发挥生态内的经济效益，促进更广泛的社会经济可持续发展。

诺贝尔经济学奖得主、芝加哥经济学派代表人物之一罗纳德·科斯在其发表于 1937 年的著名论文《企业的性质》（The Nature of the Firm）中表示："企业的规模将扩张到，**在其内部完成一笔边际交易的成本**上升至**在公开市场上或在另一个企业中完成该笔交易的成本**相同时为止。"从今年认证过程中所收集到的数据与案例可以看到，随着生态品牌概念的出现，生态内企业与企业之间的交易成本大幅下降，而生态内企业则不再需要追求规模上的扩张，转而聚焦在自身的专业能力，让自己能够在该生态中以最低成本完成某项任务，或以相同成本实现某项任务的最佳效果。与此同时，由于内部的交易成本不断降低，品牌创建的生态系统则可以进一步扩张。这也印证了 2020 年《物联网生态品牌发展报告》中所提出的判断，那就是"生态品牌是一种兼容并蓄、生生不息的新商业生命体，也开创了一种永续发展的新品牌范式"。

最后，我们再回到《黑天鹅效应》这本书。作者塔勒布曾经表示，他写这本书的目的并不在于预测这些无法预测的黑天鹅事件，而是倡导机构和组织不断提升自己的韧性，当再有超级负面意外发生时能够保持自身安全。他解释道，一个意外是否是"黑天鹅事件"取决于它的对象。如果机构和组织找到并补强了自己最脆弱的环节，那么当意外和危机发生时，这一事件就不再是"黑天鹅"，而成了"白天鹅"事件了。从这个角度来说，具有众多互补性的生态合作方的生态系统会比单个的巨型企业遇上更少的"黑天鹅"。

　　世界仍然在颠覆期中跋涉。我们唯愿看到越来越多的品牌也加入生态品牌的行列，建立起一个个互生共赢的生态系统，不仅让自己变得更加强健，也为世界带来宝贵的增长、进步和希望。

　　* 以上文章仅代表作者本人观点，不代表发布方的观点或立场。如有关于作品内容、版权或其他问题请与发布方联系。

Chapter 2
第二章

Development Trends
发展趋势

纵观历史，领导型品牌范式经历了多次演进。最先诞生的产品品牌以制造产品为核心，主要通过线下渠道接触用户。接下来，平台品牌出现在舞台上，其本身不制造产品，而是依托于大规模的在线连接，致力于实现供给侧和需求侧的双边匹配。智能经济时代所带来的物理世界和数字世界的有机耦合，让生态品牌这种打破行业壁垒、推动多边合作的新品牌范式得以萌芽。

生态品牌是通过与用户、合作伙伴联合共创，不断提供无界且持续迭代的整体价值体验，最终实现终身用户及生态各方共赢共生、为社会创造价值循环的新品牌范式。

生态品牌新范式从出现的第一天起就不是一块凝固的琥珀，而是无数创新的脉动。在过去的四年里，我们目睹了生态品牌在实践中不断取得的突破性发展，并总结出其所呈现的以下三条最突出的发展趋势。

随着各行业加速向智能化转型，生态品牌因其独特的模式创新日益显露出强大的领先优势。由于生态品牌汇聚了来自不同行业、承担不同角色的多元合作伙伴，同时为合作伙伴提供了丰富的公共资源和通用的基础服务，因此能够携手合作伙伴为不同用户和客户提供基于其需求的定制化、一体化的解决方案，在各行业中遍地生花，成为引领型的普适模式。

比如，面对场景复杂、行业众多的工业领域，海尔基于自身的智能制造和数字化转型经验，于 2017 年推出了跨行业、跨领域工业互联网平台卡奥斯 COSMOPlat，以大规模定制模式为核心，聚焦"一体两翼"平台能力和"与大企业共建、与中小企业共享"的创新模式，快速构筑起跨行业、跨领域的生态圈。

一方面，卡奥斯 COSMOPlat 在工业互联网通用架构基础上，首创了集成工业机理模型、知识图谱、数字孪生体等模块的 BaaS 引擎，并通过低代码平台打造了覆盖工业 App 开发、交易、运行的应用生态，形成涵盖 AIoT 与数字化创新软硬

趋势 1

生态品牌的模式优势越发明显，正加速打破行业壁垒，在各行业中驭势而行。

一体、采销两端资源配置的解决方案，助力企业数字化转型。

另一方面，在进行跨行业复制时，卡奥斯 COSMOPlat 通过与行业龙头企业合作，构建符合该行业特征的产业平台，并将沉淀的知识经验与中小企业共享，孕育出化工、模具、能源等诸多行业生态，链接企业 90 万家，服务企业 8 万家。未来，卡奥斯 COSMOPlat 还将持续与生态伙伴在产品共创、解决方案共融、多维度平台技术等方面开展全面合作，共同打造"技术＋产品＋平台"融合共创的生态体系，推动生态各方共同进化、增值分享，助力经济高质量发展。

智能经济时代，无论是面向 C 端的智慧家庭还是面向 B 端的产业互联网，都将拥有万亿级的市场规模。而能否最大化地把握市场红利，依靠的是生态提供的整体解决方案的体验和迭代的速度，这意味着生态系统的组织者和参与者必须要有合理的分工和利益分配机制。生态组织者要致力于为生态提供高效、易用的基础设施，通用的标准，并在品牌、技术、产品、资金、商务、品质等方面充分赋能伙伴，全方位助力伙伴的成长。与此同时，生态组织者要约束自己的业务范围，避免与合作伙伴争利，保证生态伙伴的业务空间和商业利益。

近年来，我们看到作为生态组织者的大型生态品牌都在深耕"去中心化"战略，建立一个开放包容、联合共创的舞台，与生态合作方共同展开用户、客户交互，定制解决方案；同时赋能合作伙伴，打造高效协同、利益共享的合作伙伴生态。

比如，钉钉在 2022 年 3 月 22 日召开的"科技向实·万物生长"发布会上，首次明确钉钉与生态合作伙伴的关系：钉

趋势 2

大型生态品牌都在约束自己"有所为，有所不为"，坚持只做"超级连接器"，赋能生态合作方，一起互利共赢。

钉只做一件事，就是 PaaS 化。PaaS 化指的是钉钉只做基础能力平台，保持协同办公和应用开发平台的定位不变；包括行业应用、人财物产供销研等场景的专业应用全部交给生态做，并将硬件全面生态化。

生态品牌构筑的不是一家独大、零和博弈的抽佣平台，而是赋能伙伴、共享价值的开放生态。占企业总数 99% 的中小企业是中国经济韧性的重要支撑。[①] 在生态品牌的扶持下，一批符合"专精特新"特点的中小企业得以快速成长，在细分领域上持续创新，为增强制造业竞争优势，实现产业链自主可控提供了有力支撑。

[①] 叶子. 让专精特新中小企业茁壮成长. 中国日报中文网. 2021-10-19.
https://qiye.chinadaily.com.cn/a/202110/19/WS616e3827a3107be4979f3603.html.

尽管近年来物联网的智能终端数、连接数一直在快速提升，但始终未能形成规模化爆发。其背后的根本原因在于行业标准的割裂。以智能家居行业为例，早期各主流品牌为了抢占风口，纷纷积极布局自家产品平台。为了主导市场，各派系采用不同的协议，有时还会在技术层面设置"壁垒"，以阻止用户迁移和数据外流。这种圈地自封导致不同智能家居产品之间产生了严重的"孤岛现象"，极大地降低了消费者的体验，也阻碍了行业的成熟发展。

可喜的是，近两年大型品牌们开始意识到仅凭封闭的平台，它们中没有任何一家可以真正独自"统治"智能家居领域。因为即便它们在各自的平台中联合了多元合作伙伴进行产品开发，但依旧没有任何一个平台可以做到覆盖所有的品类且品质均达到该品类的顶级水平。为了让行业迎来真正的规模化爆发，它们必须允许消费者根据自己的意愿从不同的平台中选择心仪的智能家居产品，并让这些产品之间做到互联互通。为此，大型品牌开始联合起

趋势 3

品牌之间的藩篱正在被打破。随着底层标准的统一，过去各自为政的平台正逐渐走向开放融合的大一统生态。

来，通过整合底层协议，推出跨平台的互联互通
标准，逐渐走向生态化融合。

在 2020 年的国际消费电子展（CES 2020）
上，亚马逊、谷歌和苹果等主流智能家居品牌
建立了连接标准联盟（Connectivity Standards
Alliance），旨在打造一个基于开源生态的统一
的智能家居标准。[①] 2021 年 5 月，该联盟发布了
智能家居连接标准——Matter。Matter 是一个
运行在现有协议之上的架构，同时支持有线网络、
Wi-Fi、Thread、Bluetooth、Zigbee、Z-Wave
等当前绝大多数的智能设备联网方式，可以让采
用不同协议的智能家居产品实现简单、安全的
互联。[②] 包括亚马逊 Alexa、谷歌 Assistant、
苹果 HomeKit、三星 SmartThings、华为
HarmonyOS、海尔智家在内的多个主流 IoT 平

① 程茜. 让多种智能家电相容：Matter 在 CES 上火了，
通用连接标准才是物联网的未来. IT 之家. 2022-1-13.
https://www.ithome.com/0/598/373.htm.
② 物联网智库. Matter 协议会成为互联互通的万能钥匙吗？
维科网. 2021-9-24. https://iot.ofweek.com/2021-09/
ART-132200-8500-30526595.html.

台均已承诺兼容支持 Matter 标准。① Matter 标准的最终版规范预计将在 2022 年下半年发布，并在年底前推出首批智能家居产品。②

在国内，我们也看到了走向融合开放的类似趋势。2020 年 12 月 1 日，开放智联联盟（Open Link Association）成立。该联盟由 24 位院士和阿里巴巴、百度、京东、小米、海尔、华为、中国电信、中国通信院、中国移动等联合发起，致力于为联盟成员搭建万物智联的合作平台，构建符合中国产业特点、技术领先的物联网统一连接标准和产业生态圈，实现万物智联领域的高质量发展。截至 2021 年 9 月，开放智联联盟正在制定中的标准一共 22 项，其中 6 项连接标准已完成 OLA1.0 版本，并已实现开源 SDK，可用于产品实现参考。联盟内的百度、海尔、小米已发布内测版产品。③

产业发展提速，企业级平台向产业级生态圈的过渡已是大势所趋。随着"书同文、车同轨"，最难缠的连接性和兼容性问题将得以解决，真正意义上的"大一统"生态将首次出现，一个真正的万物互联时代亦将开启。

---

① 三易生活 . 智能家居圈地时代结束，新协议或促成"大一统". 凤凰网 . 2021-5-16. https://ishare.ifeng.com/c/s/v002a5wR11FpSu0X58eAHrGepS8OFkId611JwmVI3osd-_3A__.

② 物联之家网 . 智能家居标准 Matter 发布推迟到秋天 . iothome 物联之家 . 2022-3-22. https://www.iothome.com/archives/5933.

③ OLA 联盟 . 开放智能联盟（OLA）官网 . 2020-12-1. https://ola-iot.com/alliance.html.

Chapter 3

第三章

Evaluation Overview

认证概述

3.1

认证模型
Evaluation Model

生态品牌认证评估模型从三大视角出发，评估与衡量品牌的表现，分别是：**共同进化**视角、**价值循环**视角以及**品牌理想**视角。

🧬 共同进化

生态内的各参与方共生共进，是生态品牌蓬勃发展的**必要条件**。共同进化表现在品牌与用户持续交互以及与生态合作方协同共创；同时，在品牌构筑的生态中，各参与方之间也能够更顺畅地进行交互与共创，共同推进生态的进化。

⟳ 价值循环

生态内价值的持续、循环增长，是生态品牌永续发展的**充分条件**。品牌持续为用户及生态合作方创造价值、传递价值、分享价值，形成循环往复。

♕ 品牌理想

为促进可持续发展及提升社会的整体价值做出贡献，是生态品牌的**必然使命**。品牌理想的核心是"人的价值最大化"，品牌在实现用户、生态合作方、员工价值最大化的同时，也为社会的整体价值贡献力量。

三大视角之下，包含五个核心维度：

用户体验交互
USER EXPERIENCE INTERACTION
评估品牌在与用户持续交互的过程中提供的整体价值体验

开放协同共创
OPEN CO-CREATION
评估品牌的开放性、共享精神以及与生态合作方的联合共创程度

生态品牌认证评估模型
Ecosystem Brand Evaluation Model

终身用户价值
LIFE-LONG USER VALUE
评估品牌通过体验迭代而创造的终身用户价值

共赢增值效用
MULTI-WIN VALUE-ADDED SYMBIOSIS
评估品牌为生态合作方带来的增值效用

社会价值贡献
SOCIAL VALUE CONTRIBUTION
评估品牌为提升社会的整体价值做出的贡献

在这五个核心维度之下，一共包括 16 项评估细则：

表 1. 生态品牌认证评估细则

五大维度	评估细则	定义
用户体验交互	持续交互、迭代创新	·通过与用户的持续交互，不断推动产品、服务、解决方案的迭代创新
	提供一体化、无缝体验	·产品和服务种类丰富 ·从场景出发，提供一体化、无缝的整体解决方案
	提供个性化、定制化体验	·基于用户需求，提供定制化、客制化的产品、服务、解决方案
开放协同共创	开放多元	·生态接入的行业具有多样性 ·生态成员的角色类型具有多样性 ·生态始终保持开放性，确保能不断引入新的生态合作方
	动态优化	·生态具有动态化的机制，能对生态合作方进行择优汰劣
	共享资源	·具有共享精神（例如，共享底层技术、数据资源或通用的商业能力）
	促进合作共创	·能够促进生态合作方实现高效顺畅地合作（例如，设立统一的技术标准、商业行为准则） ·能够让生态合作方充分发挥各自优势，联合共创，共同推出解决方案

续表

五大维度	评估细则	定义
终身用户价值	用户优质体验	·用户能够持续在生态中获得超越期待的体验
	用户共创意愿	·用户愿意与品牌交互,参与产品、服务、解决方案的共创,从消费者转变为产消者
	用户推荐意愿	·用户愿意向他人分享优质的品牌体验经历
	用户关联购买	·用户拥有多个生态产品,或在购买生态中的产品后又购买了其他相关的生态服务
共赢增值效用	让生态合作方获得基于生态模式所产生的新价值和收益	·生态品牌和生态合作方均实现生态收入的增长
	生态合作方间的关系紧密	·通过深化生态内的合作,加强生态品牌和生态合作方之间关系的紧密程度
社会价值贡献	促进可持续发展	·致力于环境和资源的可持续发展
	赋能美好生活	·致力于持续不断地改善人们的生活
	赋能产业升级,推动社会经济进步	·广泛赋能各类企业和创业个体,推动社会经济不断向更高层次发展

3.2

三大评估方式

Three Evaluation Methods

认证方结合三大评估方式，全方位评估品牌在生态品牌建设实践中的表现：

品牌受众定量调研　　品牌案例专家评审　　品牌关键数据审阅

品牌受众定量调研

针对参评品牌，调研覆盖其涉及的 20 个品类，开展了 C 端、B 端用户方及生态合作方的定量调研，共收集超过 20000 个数据点。其中被访企业（即 B 端用户和生态合作方）来自 11 个行业，行业分布如图 1。

医疗保健 5%

通信服务 6%

金融 7%

原材料 8%

工业 8%

能源 9%

公共事业 9%

日常消费品 13%

信息技术 13%

可选消费品 11%

房地产 11%

图 1.　调研涉及的 B 端用户与生态合作方行业分布 [①]

表 2.　品牌受众定量调研行业定义

行业板块	行业定义
日常消费品	涵盖对经济周期敏感度较低的企业，包括食品、饮料和烟草制造商与经销商，非耐用家居用品和个人产品制造商，以及食品和药品零售商
信息技术	涵盖提供软件和信息技术咨询与数据处理的公司，互联网服务和家庭娱乐除外。包括技术硬件与设备的制造商和经销商，如通信设备、计算机、电子设备和半导体等
可选消费品	包含对经济周期敏感度较高的企业，如汽车、家庭耐用消费品、服装纺织制造商，以及酒店、餐厅和其他休闲设施等服务与零售
房地产	包括经营房地产管理与开发活动以及权益型房地产投资信托（REIT）的公司，如酒店和度假村、办公、住宅、租赁等

---

① 行业分类参考标普道琼斯（S&P Dow Jones）与明晟（MSCI）联合制定的全球行业分类标准 GICS（Global Industry Classification Standard）。

续表

行业板块	行业定义
公共事业	包括水、电、燃气等公用设施的公用事业公司，以及使用可再生能源发电和配电的独立电厂和能源交易商与公司
能源	涵盖从事油气、煤炭和可消耗燃料的勘探、生产、提炼、买卖、储存和运输业务的公司，以及供应油气设备与服务的公司
工业	包括建筑制品、电气设备与机械、航空航天和国防等生产资料的生产商和经销商。包括建筑工程、环境服务等商业和专业服务提供商
原材料	包括生产化品、施工材料、纸张、林产品和有关包装产品的公司，以及金属、矿物和采矿公司
金融	包括银行、非银行储贷机构、保险，以及多元化金融服务、专业金融、消费金融、资产管理与证券托管等多元化金融服务提供商
通信服务	包含通过网络提供内容的公司，如信息、广告、娱乐、新闻和社交媒体
医疗保健	包括医疗保健提供商与服务、生产和经销医疗保健设备与用品的公司以及医疗技术公司，以及制药和生物技术公司

受众定量调研的目的在于收集用户方与生态合作方在与品牌交互的过程中，对品牌所提供的产品、服务、解决方案或生态内合作情况的真实感知与体验，以及对品牌社会价值传递的认可度。基于广泛的受众认知，调研更全面且客观地反映品牌在三大视角、五大维度上的表现。

品牌案例专家评审

在认证申报阶段，参评品牌依据认证方提供的申报指南提交了案例及相关数据信息。申报通道关闭后，认证方组建了由 12 位各领域中外专家学者组成的专家委员会[①]，确立明晰的评审原则，获取专家对品牌案例的评审意见。同时，针对在相关维度具有优秀实践案例的品牌，专家与其进行深入访谈，以获取更多生态品牌实践的关键信息。

委员会专家来自不同行业和领域，他们从更加专业、客观的视角出发，结合各行业的生态化进程与特点，对品牌的生态化转型表现开展专业且公平的评估，并提供未来发展指导。

品牌关键数据审阅

认证方结合其自有数据库、参评方提交的数据及权威第三方（如标普道琼斯、明晟等）数据，综合分析参评品牌的表现。

品牌关键数据包含评估维度的相关量化指标以及品牌内部的商业数据，如 ESG 指数、合作方数量等，以衡量品牌在践行生态品牌范式过程中的成效。

在每一项评估方式下，各参评品牌均会在五个核心维度（用户体验交互、开放协同共创、终身用户价值、共赢增值效用、社会价值贡献）得到相应的评分。认证方对三大评估方式的评分综合计算，得到各参评品牌在五个核心维度的综合评分。

---

① 专家委员会成员信息请参考：附录——专家委员会。

	品牌受众定量调研			品牌案例专家评审			品牌关键数据审阅			综合评分		
	品牌1	品牌2	...	品牌1	品牌2	...	品牌1	品牌2	...	品牌1	品牌2	...
用户体验交互	XX	XX	...	XX	XX	...	XX	XX	...	XX	XX	...
开放协同共创	XX	XX	...	XX	XX	...	XX	XX	...	XX	XX	...
终身用户价值	XX	XX	...	XX	XX	...	XX	XX	...	XX	XX	...
共赢增值效用	XX	XX	...	XX	XX	...	XX	XX	...	XX	XX	...
社会价值贡献	XX	XX	...	XX	XX	...	XX	XX	...	XX	XX	...

图2. 生态品牌认证评分图示

根据综合评分，可以将参评品牌定位到以"共同进化"为纵轴、以"价值循环"为横轴的象限图中。位于第一象限的品牌为获得生态品牌认证的品牌。第一象限也将作为"生态品牌势能图"在下一节中详细讲解。

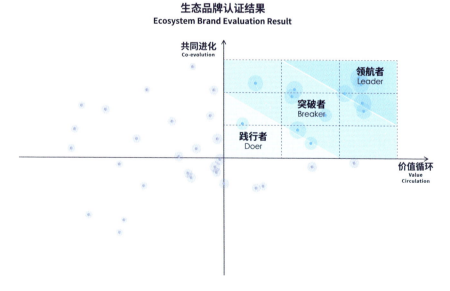

图3. 生态品牌认证结果

3.3

生态品牌势能图
Ecosystem Brand Energy Map

　　自 2022 年 3 月 1 日正式开放申报通道以来，近百家企业、品牌关注并参与到生态品牌认证中，覆盖日常消费品、可选消费品、金融、工业、运输、能源、信息技术等诸多行业领域。①

---

① 全球行业分类系统（GICS）。

2022年生态品牌势能图
Ecosystem Brand Energy Map 2022

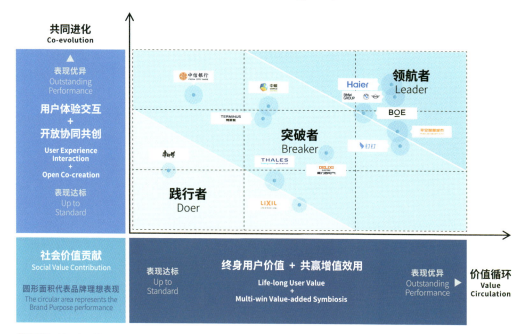

评估时间：2022 年 9 月
Evaluated in Sept. 2022

认证等级定义
Definition of Brand Stages

践行者——有意愿转型为生态品牌，已经有所行动

Doer – intends to transform to Ecosystem Brand and has taken actions

突破者——生态品牌转型取得突破，进展相对较快

Breaker – has transformed to Ecosystem Brand rapidly with key breakthrough

领航者——生态品牌建设取得成果，具有引领作用

Leader – has outstanding achievements and remarkable impact in Ecosystem Brand building

图 4．2022 年生态品牌势能图

2022 年，共有 12 家品牌成功获得生态品牌认证，分别是海尔（Haier）、宝马集团（BMW Group）、平安智慧城市（Ping An

Smart City）、京东方（BOE）、钉钉（DingTalk）、中粮（COFCO）、中信银行（CHINA CITIC BANK）、特斯联（Terminus）、泰雷兹（Thales）、德力西电气（DELIXI ELECTRIC）、骊住（LIXIL）、康师傅（Master Kong），他们来自不同行业，为处于生态化转型不同阶段中的企业、品牌提供了成功案例和实践指导。

生态品牌的势能来自该品牌所构建或隶属的生态系统，这些能量可以通过生态内各参与方的协同共创来相互传递，以通过生态品牌创造的价值循环来集中体现，最终在社会层面产生更深远的影响。

在势能图中：

- **纵轴**代表了品牌在共同进化方面的表现，即品牌与用户持续交互以及与生态合作方协同共创。在共同进化的过程中，品牌本身也会自我驱动成长，不断优化与提升自身表现。

- **横轴**代表了品牌在价值循环方面的表现，即品牌所创造的终身用户价值和共赢增值效用。价值循环同时也体现在，品牌在创造价值、传递价值、分享价值的循环中不断进步。

- 坐标轴内的**圆形面积**代表了品牌在品牌理想方面的表现，即品牌为提升社会的整体价值做出的贡献。圆形面积越大表示品牌为提升社会的整体价值做出的贡献越高，反之亦然。

基于纵轴、横轴的三等分点，"生态品牌势能图"被划分为颜色由深至浅的三个区域。分布于这三个区域中的品牌分别属于"领航者（Leader）""突破者（Breaker）""践行者（Doer）"。

图 5. 2022 年生态品牌认证榜单

ECOSYSTEM BRAND
EVALUATION
生态品牌认证

Chapter 4

第四章

Key Insights

关键洞察

品牌在从过去的产品品牌、平台品牌进化为生态品牌的进程中，面临众多选择和挑战。纵观参评品牌，成功进入"生态品牌势能图"的品牌（下称"生态品牌"）相较于未能进入"生态品牌势能图"的品牌（下称"非生态品牌"），在五个维度均体现出了较大优势。

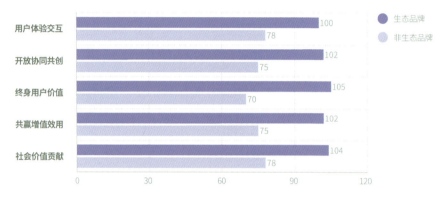

图 6. 生态品牌与非生态品牌五大维度表现对比（指数化结果）

生态品牌在五大维度的领先优势表明，不论从用户角度还是生态合作方角度来看，生态品牌在广度、深度、高度上均能给品牌建设者以启发：

● 生态品牌通过深入的交互，挖掘用户个性化需求，创造和迭代更优质的体验，与用户建立更深的情感连接，从而激发更主动、高频、高质量的共创。

● 生态品牌更加聚焦于培养始终对生态保持高黏度的终身用户，并为他们提供全周期的产品、服务和解决方案；终身用户在生态中拥有高体验度、高共创度、高推荐度和高关联购买，他们能够与品牌持续保持相互创造价值的关系，达成更深层的信赖。

- 生态建设不止于产业链上下游的业务延伸，更是深度融合跨行业、跨领域合作伙伴的资源和能力。通过打破数据、技术、资源的孤岛，生态品牌能够为企业带来更强大的落地能力，实现提质增效、迭代创新、共赢增长。

- 生态品牌着眼于与生态合作方相互赋能、共赢共进，创造生态的长期整体价值，实现高质量、可持续的增长，进而为提升社会的整体价值做出贡献。

4.1

用户体验交互

User Experience Interaction

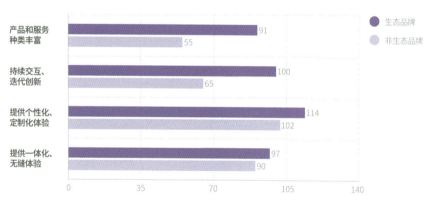

产品和服务种类丰富　91／55

持续交互、迭代创新　100／65

提供个性化、定制化体验　114／102

提供一体化、无缝体验　97／90

● 生态品牌　● 非生态品牌

图 7. 用户体验交互维度：生态品牌与非生态品牌细分属性表现对比
（指数化结果）

　　"用户体验交互"评估了品牌在与用户持续交互的过程中提供的整体价值体验。品牌通过提高产品、服务的丰富度，持续交互、迭代创新以应对快速变化与升级的用户需求，整合资源并打造差异化，实现一体化、个性化的极致体验。

在该维度下，"产品和服务种类丰富"和"持续交互、迭代创新"是体现生态品牌优势的两大关键要素。生态品牌在这两个要素上的指数化得分，分别领先于非生态品牌 36 分和 35 分。生态品牌在产品和服务种类丰富的基础上，依托生态网络的独特优势进行持续交互、迭代创新，为持续打造一体化、个性化的体验积累了巨大的势能。

- "产品和服务种类丰富"是打造卓越用户体验的基础要素。生态品牌往往在筑牢核心技术护城河的同时，横向最大化地拓宽应用场景和受众范围，不断延展产品和服务的边界。相较于产品品牌与平台品牌，生态品牌具有更丰富、更周到、更难以被替代的产品和服务。这在很大程度上也得益于开放多元的生态合作网络和资源的深度融合。

- "持续交互、迭代创新"是生态品牌纵向优化升级的必要条件。在 VUCA 时代下，品牌只有实现长足的全链路创新机制，才可能在激流中勇进。生态品牌普遍能够在自身业务或合作网络的触点下进行需求感知，甚至需求预测；协同生态合作伙伴探索和落地迭代方案，并在持续迭代中不断测试与验证需求，形成闭环迭代。相较于非生态品牌，生态品牌可利用其更丰富的资源网络与更灵活的组织管理体系优势，更加敏捷、准确地响应用户及客户需求，提供具有落地性的解决方案。

● 生态品牌不仅具备足够的广度和深度，并且得益于其与用户持续交互的机制，真正做到了关心与洞悉用户全周期需求。不论对于个人用户还是企业客户，生态品牌均致力于整合资源提供一体化解决方案，为用户带来由点到面的无缝体验，同时也创造出更多的交互触点。

● 打造极致的个性化用户体验的品牌往往能占领用户心智。相较于非生态品牌，生态品牌能够在个性化需求与标准化流程之间找到更佳的平衡点[1]，高效地提升用户体验，增强用户黏度。

---

① 廖琦菁. 北大刘学：为何在颠覆性创新的时代，我们强调生态的重要性? 2022-3-30. https://baijiahao.baidu.com/s?id=1728711314816530286.

案例一
海尔

Haier

　　海尔如今不只提供产品，更**为用户定制涵盖家电、家装、家居、家生活的一站式智慧家庭解决方案**。疫情期间，用户在海尔直播间留言，希望在家吃到现烤的北京烤鸭，但烤鸭工艺复杂，至少40道工序，普通人无法制作。面对新需求，**海尔食联网与生态方共创家庭版北京烤鸭，精选散养的四系填鸭，搭配国宴大厨秘制配方**，经过上千次尝试，确定−18℃鸭坯、200℃烤箱温度、70%湿度等最佳口感数据。用户收到鸭坯后，放入海尔烤箱选择"一键烤鸭"模式，就能在家享受地道的北京烤鸭。"一键烤鸭"上线后，用户提出鸭子太肥、片鸭不方便等痛点，**海尔食联网相**

继研发出低脂烤鸭、片制烤鸭。截至 2022 年 3 月，海尔食联网烤鸭销量已超 30 万只。为了持续满足用户对健康美食的追求，2021 年 8 月，海尔食联网推出预制菜行业平台，上线更多健康营养的预制菜品，用户下单收货后将预制菜放入蒸烤箱即可一键烹饪。2022 年春节，海尔食联网推出四大套系的年夜饭礼盒，有北京烤鸭、佛跳墙、剁椒鱼头、五香烤羊腿等 20 余道菜品可供选择，让三口之家和四世同堂的家庭都能找到合适的套餐。得益于**菜式全、口味好、易烹饪**等优点，20 多万道海尔食联网年夜饭被摆上了千家万户的餐桌。

💬 **专家评语**

王幸
凯度集团大中华区 CEO、凯度 BrandZ™ 全球主席

海尔在从传统家电品牌向生态品牌转型的过程中，从核心业务出发向外不断探索创新迭代，延伸出富有活力的品牌矩阵和强大的生态体系。在用户层面上，海尔通过交互共创深挖用户痛点，及时更新迭代产品服务解决方案，获得更多高黏度终身用户。

**案例二
宝马集团**

宝马集团致力于为客户提供**以人为本的人机交互**、无缝连接的**数字化生态系统**，以及全产品生命周期**"常用常新"的用户体验**。宝马正从"产品驱动业务"，走向"需求驱动业务"，作为百年车企，汽车不再是交付给用户即结束，而是希望不断满足用户需求。

全新一代 BMW iDrive 的 HMI 人机交互系统在设计上，**紧密贴合中国客户需求**。为此，宝马集团针对用户界面和用户体验进行广泛且规模庞大的调研活动，其中在中国完成将近 700 小时的访谈。宝马在北京和上海设立了可用性研究实验室，实验室具备行业内最高等级的还原度。每一代 BMW HMI 人机交互系统的开发都会定制若干个高保真 BMW 模拟驾驶舱。2022 年，全新

BMW 7 系率先搭载全新视觉形象的 BMW 智能个人助理，由中国数字化团队对市场进行深度调研，并对视觉形象进行全新升级。**全新视觉形象从 BMW 前脸灯组汲取灵感，打造出拟人灵动的"双眸"设计，并上线 6 种情感情绪视觉设计，带给用户更加富有情感的交互体验。**

　　此外，宝马集团在中国市场已经先行展开探索，专门成立了"数字化汽车"部门以及"领悦数字信息技术有限公司"，分别负责将自动驾驶、智能互联等所有与数字化相关的部门和业务进行整合，从客户视角审视业务流程，在客户触点层面打通并优化垂直并行的业务板块，搭建**线上线下无缝客户体验**，让消费者永远"在线"。

案例三
京东方

BOE

京东方是国内显示领域的破冰者，拥有全球最大的面板产能资源和全球领先的半导体显示技术。在"显示无处不在"的物联网时代，京东方"屏之物联"战略的思考逻辑正是让屏幕融入各细分市场和应用场景，实现数字化时代"屏即终端"的用户感知革命，构建"屏即平台、屏即系统"的产业生态，重塑价值增长模式。

2021年，京东方发布了中国半导体显示领域的首个技术品牌，包含高端液晶显示技术品牌 ADS PRO、高端柔性显示技术品牌 f-OLED 和高端玻璃基新型 LED 显示技术品牌 α-MLED，开创了"技术＋品牌"双价值驱动的新纪元。**显示技术品牌不仅能帮助消费者辨识和购买技术卓越、高品质的产品，也在显示端为终端厂商产品提供技术背书，有效填补整机产品在显示层面的价值洼地，赋能其商业价值的提升。**

同时，京东方正在加快物联网转型的步伐，以智慧金融为例，

依靠人工智能、大数据、云计算等前沿技术，**从视、听、触多种交互角度出发，优化客户体验，简化业务流程，提升网点的整体管理和运营能力**。2021 年，京东方与中国工商银行、中国建设银行等大型商业银行合作，在 20 余个省级分行实现了银行网点的智能化、数字化转型，改造网点数量超 2200 个，助力银行业数字化转型能力逐步提升。

案例四
特斯联

TERMINUS
特斯联

特斯联围绕社区园区、公共事业、电力能源、零售文博等场景打造行业领先的解决方案，聚焦场景，以客户为中心，用 AIoT 赋能传统行业，为政府、企业提供公共安全、公共管理、公共服务方面的智慧化科技服务。特斯联作为唯一一家中国公司，入选 2020 迪拜世博会官方首席合作伙伴，配置超过 150 台机器人为现场游客提供导览、送餐、发放宣传资料、群舞表演等多种智能化服务，累计工作时长超 50000 小时，接待访客数量 1100 余万人次，实现语音交互超 65 万次，行驶里程超 47 万公里，实现了超百台机器人服务世界顶级盛会，**真正实现人机共存，提供一站式场景化智能服务**。

除了为世博会带来根植于城市智慧场景的机器人解决方案外，特斯联还基于自研的 AI CITY（人工智能城市）产品及理念，助力迪拜在世博会 D2020 特区打造一座示范性的未来智能城市。**从场景数据化到数据智能化，特斯联将人与基础设施、生产服务管理建立紧密联系，提高了产业和城市智能化水平，形成高效、便捷的新型智慧管理和科技服务模式**。

💬 **专家评语**

戎珂

清华大学社会科学学院教授、经济所副所长

特斯联以物联思维，通过 AIoT 平台集成多方能力，应用于多种城市智慧化管理场景，赋能社会治理数智化转型。其中"云－边－端"的架构产品体系应用场景广阔，具有良好的发展前景。基于已有的联合实验室创新模式，应进一步扩大生态体系，推动更多应用场景的落地。

案例五
德力西电气

　　作为一家工业制造企业，以"客户第一"为核心价值观，优化产品，持续为客户提供价值，是德力西电气构建生态品牌的基础。

　　为了实现产品升级换代，德力西电气苦练"内功"，在生产制造、客户管理、物流体系等方面进行了大规模的投资与投入。德力西电气通过全国布局的 5 大研发中心，300 多个专业研发队伍，持续创新行业领先的优质产品；同时，依托温州、芜湖、濮阳三大自动化生产基地，持续打造满足客户定制化需求的精益供应链体系 DSC2025，为客户提供全新一体化、定制化、创新迭代的应用场景，以数字孪生力不断拓展弹性生产交付能力，构建集成的敏捷供应链管理体系及一体化数字平台。通过 SAP、WMS、MES 等系统的加持和串联，实现制造、生产、物流的纵向集成到需求反馈、研发、生产、销售的价值链横向集成。使用 CRM 系统，部署了对德力西电气自身以及经销商库存进行管理的数字化工具，实时进行销售预测、销售项目的管理，对整个渠道端的所有业务数据，辅以 BI 系统进行全方位分析，以便更好地为客户提供优质服务。通过应用云服务数字化技术打造透明物流App，帮助客户实时掌握订单的信息；推出德易购、e 电工等平台，丰富营销模式及场景，精准触达用户，根据用户反馈的情况及对产品的喜爱度，不断对产品布局进行调整，提升全流程的效率及流畅性。

德力西电气苦练"内功",持续贴近用户,建立了能够持续根据用户需求而不断变化、精准触达用户的生态体系。

| 案例六 骊住 | |

2019年，骊住中国区总部将数字化战略落地到区域管理中心、亚洲研发中心、各制造工厂、经销商体系等，以数字化管理全面提高运营效率。在聚焦商业转型和制定企业发展策略时，集团将数字化运营纳入重点考量，撬动自身科技创新及行业领军者的专业优势，加强业务与技术的融合，以打造线下与线上相融合的全渠道购物场景，即**从传统的产品供应商，转型为整体解决方案服务商，通过"产品＋服务"的组合打法，为消费者提供便捷、愉悦、有价值的整体家居生活解决方案。**

以集团内部及分销商的数字化转型初步成功为基础，骊住在2021年推出了"24小时美骊焕新"服务。该服务借助数字化技术与客户提前进行细致而便捷的沟通，由工程团队和超过3000位专业设计师高能加持，借助3D、VR体验空间设计和展示以及骊住标准化的十步焕新服务流程，在24小时内完成"送—拆—装"的一站式卫浴定制安装。骊住旗下高仪、美标、伊奈三大品牌可供消费者随心搭配，实现卫浴空间改造。该项目首先在上海试点，积累了一定经验后就扩展至全国各省会城市及数个大城市，目前已经在全国20个城市成功推出，并计划在2022年继续扩展至30个城市。

在数字化销售方面，骊住与阿里、京东等国内知名电商平台达成战略合作，并在抖音、B站、小红书、知乎等社交渠道上与

终端客户、潜在客户直接沟通，进一步营造品牌影响力，逐步拓展 D2C（Direct-to-Consumer）的新销售路径。同时通过传统零售门店向 O2O 门店的数字化转型，解决了门店在流量、管理、营销和客户维护方面的焦虑，引入"新零售生态"提升供应链和门店效能。

案例七
康师傅

康师傅深刻意识到目前消费者不仅关注产品的方便快捷，也越来越关注营养、健康、口味、安全，以及饮食的文化内涵、绿色低碳和个性选择。因此康师傅坚持以消费者为中心，一切为消费者服务，不断推出兼具营养与美味、文化传承与时尚体验、绿色健康与功能个性的多元化创新产品，**全方位满足人民的美好生活需要。**

"冠军食堂"助力中国冰雪：作为国家体育总局冬运中心唯一的营养膳食合作伙伴，近三年来，康师傅已为中国冰雪运动提供了 50 万份定制产品，为冰雪运动员们提供科学膳食保障，陪

伴中国运动员逐梦冰雪。2021 年年末，康师傅正式向国家体育总局冬运中心交付了二代升级中国冰雪运动员定制产品"冠军食堂高能牛肉营养面"和"冠军食堂轻食牛肉营养粉"，为冰雪健儿们提供更多选择。二代产品"冠军食堂"进行了 GI（血糖生成指数）检测，检测**填补了方便食品相关数值的空白，康师傅有望推动国内 GI 检测在运动补给和日常饮食的规范化落地。**

▤ 专家评语

陆定光

法国里昂商学院市场营销学教授
法国里昂商学院欧亚品牌管理中心主任

通过互动，让康师傅了解消费者日趋碎片化的需求，以更多元化的产品做出回应，丰富客户的消费体验。密切跟踪消费者需求变化及尽快反应是维持和发展顾客终身价值的必需手段之一。产品重视个人健康的路线，也是企业社会责任的体现！

4.2

开放协同共创

Open Co-creation

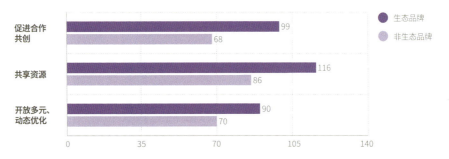

图 8. 开放协同共创维度：生态品牌与非生态品牌细分属性表现对比
（指数化结果）

"开放协同共创"评估了品牌所构建的生态体系的开放性、多元化及品牌与合作伙伴之间的交互程度。品牌通过建立多元开放且动态优化的生态网络，依托全流程商业资源或能力的互通共享、联合共创等方式，实现跨行业、跨品类的广泛合作，深化合作伙伴关系，合力为用户、客户提供极致的产品、服务、解决方案。

在开放协同共创维度，"促进合作共创""共享资源"和"开放多元、动态优化"是生态品牌建设的三大关键要素，生态品牌在这三大要素上的指数化得分，分别领先非生态品牌 31 分、30 分和 20 分。基于开放的生态合作网络，生态品牌可进一步通过资源共享互通、联合共创等方式，与合作方进行更深度地交互，共同进步。

● 建立开放多元且动态优化的合作伙伴关系是品牌生态化的基本要素，因为在当今合作共赢的时代，独木不成林。相较于产品品牌与平台品牌，生态品牌以跨行业、跨品类的方式扩大合作辐射与受益范围，积极与上、中、下游企业建立开放的合作方网络，实现多元平衡、开放高效的合作模式。同时，良好的合作体系需要动态优化机制的加持，生态品牌可以及时淘汰用户体验欠佳或长期无市场需求的企业，减少内耗，更加合理地配置资源，从而获取更高的增值收益，实现"共赢"局面。

● 在共享经济的时代，品牌既是生态内产品、服务、解决方案的提供者，也是使用者。通过建立合作伙伴网络并实现资源互享共通，生态品牌可以以低成本、高效率来深化合作关系，增强合作黏度。生态品牌具有更加鲜明的共享精神，能够建立安全、高效的共享机制；通过与生态合作方共享数据、技术等商业资源与能力，打破孤岛，与大企业经验互通，也为中小企业有效赋能。在共享过程中，品牌也可从合作伙伴端获取业务经验与灵感，从而推动自身产业进步，实现互利共赢。

● 在开放包容与资源共享的基础上，生态品牌常常与生态合作方展开合作共创。深度的合作共创也是生态品牌与非生态品牌之间差异度的最大来源。相较于非生态品牌，通过生态内动态优化、共赢共生的合作机制，生态品牌能够更大程度地提高生态合作方的共创意愿与共创度；并在深化合作关系，提升企业、品牌信任度的同时，扩大各生态合作方的市场表现与受众触达，实现优势互补，为用户创造更好的产品、服务、解决方案。

| 案例一
宝马集团 | |

　　"宝马初创车库"由宝马集团在 2015 年成立，其主要职能是在全球寻找高潜力的初创企业，将其解决方案与宝马业务部门的需求相匹配，目标是成为一个帮助初创企业进入汽车市场、帮助宝马各业务板块接触前沿科技的桥梁门户。

　　在中国，宝马集团通过系统的甄选和孵化工作，**为中国初创企业提供汽车行业顶级的开发平台和一流的全球资源**，帮助年轻的中国企业将先进的创新技术与汽车行业的未来发展需求结合起来，**助推创新技术的商业化应用**。

目前，全球已有100余家初创企业参与了宝马初创车库，并成功毕业，其中超过50%的初创企业在项目结束以后，继续与宝马集团的不同业务部门实现了进一步合作。

此外，宝马集团还积极与中国本土的科技企业开展合作，实现共赢。例如，位于上海的联合创新基地已于2021年5月正式启动运营，这标志着宝马集团倡导的开放创新的又一成果落地。目前已有20余家初创企业入驻该基地，他们的技术涵盖数字化、电动化、可持续发展等战略创新领域。

💬 **专家评语**

陈宇新

上海纽约大学商学部主任
纽约大学斯特恩商学院市场营销学教授

宝马集团通过对两个生态圈——用户生态圈和创新生态圈——的培育和维护，致力于生态品牌的打造，为消费者创造了美好的体验，并帮助年轻的中国企业成就在汽车相关行业的创新。可以期待，通过用户生态圈和创新生态圈之间的进一步对接互动，宝马集团未来的生态品牌构建将更上一层楼，将为用户、创新伙伴和社会贡献更大的价值。

**案例二
平安智慧城市**

平安智慧城市

PING AN SMART CITY

平安智慧城市以**数字时代的共生逻辑，携手生态伙伴共同赋能智慧城市各领域场景，促进跨产业间的高效协作，激活更加多元的产业创新活力**，实现城市治理模式突破、产业模式突破和服务模式突破，激发数字经济的无限潜能。平安智慧城市注重将科技能力融入具体的应用场景，在数字政府、数字经济、数字社会三大场景下积极探索更加智慧的解决方案，与各行各业广泛连接，持续发挥数字场景的高融合力。

平安智慧城市以"科技赋能场景，数字驱动变革"为使命，助力城市数字化、智能化发展转型。依托平安集团数十载沉淀的科技能力与生态资源，平安智慧城市通过核心技术 ABCD（A 为

人工智能，B 为区块链，C 为云计算，D 为大数据），全方位赋能应用科技 EFGH（E 为企业科技，F 为金融科技，G 为政府科技，H 为医疗科技）。倡导"数字驱动变革，科技赋能政府、企业、个人，将智慧融入城市每一个角落，以共生思维激发数字经济的无限潜能"。基于此，平安智慧城市以"优政、兴业、惠民"为己任，从政府端切入，同时赋能企业及个人，实现横跨三方的多层级商业化能力。

📑 专家评语

戎珂

清华大学社会科学学院教授、经济所副所长

平安智慧城市依托中国平安的技术优势和伙伴资源，以数字时代的共生理念，形成体系化的生态伙伴管理能力，通过数字技术的全场景应用赋能城市数字化转型，贡献数字时代的社会治理，企业的商业模式具有较强的可持续发展能力。期待平安智慧城市未来持续推动对生态的培育，持续扩大品牌影响力。

案例三
京东方

BOE

　　京东方"屏之物联"的核心要义是抓住数字化时代的数据处理云端化、数据显示本地化、数据应用分布化发展趋势，**依托自身核心资源优势，聚合产业链和生态链资本，推动行业发展及生态参与者共同进步**。

　　以超高清产业为例，产业链条涉及拍摄、解码、压缩、传输、显示等多个环节，京东方不仅率先布局 8K 超高清显示屏，还推出融合 5G 和 AI 技术的 8K 超高清整体解决方案，并在全球范围内联合通信、视频网络、编解码、播放设备以及整机等上下游厂商，全方位地构建 8K 超高清产业生态。在牛年春晚、国际顶级冰雪赛事等国内大型活动上，京东方多次携手业内伙伴实现多地、多

💬**专家评语**

王华

法国里昂商学院副校长、亚洲校长、亚欧商学院法方院长

京东方从屏入手，以屏为核心拉通产业链，构建协同发展的产业生态，整合相关的硬件、软件及内容供应商，实现在多个重点行业的战略升级，包括智慧金融、智慧零售、智慧出行以及数字文化等众多物联网领域。

网络、多线路远程直播，带动拍摄、内容、传输、显示等关键环节的快速升级。

在数字文化产业领域，京东方牵头研制了 H.629.1 数字艺术显示国际标准，填补了此领域的空白；并以标准发布为基础，联合技术端、内容端、应用端合作伙伴建立了产业联盟，与 150 多家联盟成员单位共建数字艺术体验场景。京东方构建的数字文化内容开放共享平台，目前已有 320 余家权威机构入驻，展示和交流的专业艺术内容达 40000 多件。京东方为促进数字文化产业高质量发展注入了新动能，也带动了生态链伙伴的蓬勃发展。

▤ 专家评语

费利佩·托马斯
牛津大学赛德商学院市场营销学副教授
"未来营销倡议组织"研究学者

京东方搭建了一个具备高适应性的生态网络，将众多多元化的合作伙伴融入一个价值创造的网络中，而非简单的价值链中。当今，许多品牌都在探索生态网络搭建的道路，而京东方可以被称为一个优秀的示范。

案例四
中信银行

中信银行积极履行中信集团协同主平台职责，秉持"利他共赢"原则，**整合全市场优质资源，向客户提供一站式、定制化、多场景、全生命周期的专业化服务，充分展现协同价值创造。**

疫情发生以来，中信银行加快线上产品创新，以功能强大的企业"资产池"为核心，将供应链上、中、下游 10 余支线上化产品有效打通，全力搭建供应链生态体系，帮助各类企业、集团、集群进行统一便捷的资产管理和资金融通；推出线上快捷申请、自动授信的"信保函－极速开"，为企业提供快速开立保函的一站式服务；上线"信e融"头寸融资、"信e采"订单融资、"信e链"应收账款融资、"集群池"票据融资、"信e销"经销商融资等线上化产品，解决上下游各类企业"融资难、融资贵"的难题。

这些创新举措极大地提高了客户线上体验和业务效率，提升了融资便利性，得到了客户广泛认可。

　　基于以上全新的"供应链生态体系"，中信银行打通企业上下游全链条，系统解决了制造业企业供应链融资和结算难题，有效降低了企业融资成本、增强了结算便利、提升了客户体验。中信银行将持续大力发展供应链金融，努力做稳链、强链、固链的推动者，牢牢把握高质量发展主线，在做好实体经济短期纾困的同时，着力提升长期可持续服务实体经济的能力。

专家评语

于保平
复旦大学管理学院商业知识发展与传播中心主任

中信银行一定程度上通过全景式生态，围绕"金融价值"构建了交易生态，融入产业体系中，尤其为中小企业提供了独特的价值，进一步提升了中信银行的社会价值。

案例五
泰雷兹

　　随着以信息技术、人工智能、高端装备制造为代表的新兴产业对轨道交通行业的影响，建设数字化、智慧化轨道交通已成为行业趋势。作为中国城市轨道交通领域的先行者，一直以来，泰雷兹及其合资公司都积极践行自主创新理念，**与客户和行业伙伴深度合作，共同研究探索轨道交通领域的前沿技术与应用**。

　　2021 年 6 月，泰雷兹在华合资企业上海电气泰雷兹与同济大学签署协议，共建"智慧轨道交通联合工程技术研究中心"。该技术中心将聚焦乘客服务、运输组织、列车运行、绿色节能、智能技术、基础设施、运维安全、网络管理、云计算与大数据平台、技术标准体系十大智慧轨道交通建设方向，**开展产学研合作，联合进行**

前瞻性产品和技术研发，开展轨道交通技术装备和标准方面的相关研究和孵化。此次校企合作进一步发挥了同济大学的前瞻性理论研究优势和上海电气泰雷兹在轨交领域的创新实践优势，共同促进相关研究成果的工程化应用，助力智慧轨道交通的建设。

专家评语

陈宇新

上海纽约大学商学部主任
纽约大学斯特恩商学院市场营销学教授

泰雷兹多年来为众多领域的客户提供解决方案、服务及产品，并通过产学研政合作，致力于打造以其先进科技为核心的生态品牌，同时创造了令人瞩目的商业成功和社会价值。展望未来，泰雷兹可以进一步通过鼓励客户和合作伙伴之间的学习、交流、共享、协作，推动基于客户和合作伙伴商业关系的生态网络向创新共生型生态圈的演进。

**案例六
德力西电气**

作为一家拥有700余家一级代理商、60000多家线下门店、多个线上销售平台、数十个运输合作伙伴、业务覆盖60多个国家的企业，德力西电气发挥产业的核心和龙头作用，着眼自身产业发展基础和资源优势，牵头产业共享平台的搭建，引领带动上下游企业共同护链、强链、延链、补链，促进提升产业链、供应链的现代化水平。德力西电气追求的不单是自身成长，而是致力于打造电气全产业链新生态，与合作伙伴共生共赢。

2021年，德力西电气推出"强基计划"，解决业务合作伙伴**拓展业务的痛点，扫除他们的经营障碍，激发合作伙伴的活力和潜力，建立良性、健康的产业链生态**，全面赋能合作伙伴，共同优化业务结构，在市场端实现良性竞争。通过优化产品结构，为客户带去更有竞争力、更能满足市场需求的产品，从而实现企业、用户与合作伙伴三方共赢；通过建立高效、可持续发展的产业链生态，持续为社会创造价值；通过赋能合作伙伴，实现与合作伙伴共享共赢。一方面通过开放数字化学习平台——德力西电气学苑，合作伙伴可在平台自主挑选课程，免费学习，并获得课程证书。既可以链接上下游合作伙伴，同时提升上下游的整体能力；另一方面通过组织定期线下活动，如电工技能大赛、线下学习会等活动，从技能、专业知识全方位助力合作伙伴，实现与合作伙伴共赢。同时，携手产业链上下游生态圈践行社会责任，持续捐建希望小学，定期拜访敬老院，联合举办教育和扶贫活动，凝聚和吸收社会上的资源和正能量，更好地回馈社会，树立示范作用。

💬专家评语

戎珂

清华大学社会科学学院教授、经济所副所长

德力西电气推动全产业链数字化转型，提高产品迭代创新与对标客户个性化需求的能力；通过构建开放平台、共同开展履行企业社会责任的相关活动，增强与合作伙伴之间的交互，培育良好的生态信任。

**案例七
康师傅**

康师傅

　　康师傅作为生态圈的核心企业，与上下游供应商、经销商、零售商一起，上连 4000 多万农民，下接 9 亿消费者，**构成完整的产业链，在服务人民美好生活的同时，也不断增进上下游合作伙伴的福祉，并且带动行业伙伴，共同促进健康发展良性循环。**

　　蔬菜基地助力三农：康师傅每年购买大宗农产品数百万吨，原物料采购地遍及中国各大农产品区域，直接拉动地区农业经济发展，为 4000 多万农民增加收入。其中康巴诺尔"国际农业产业园"项目，通过辅导农户种植、严格控制产地端品质与检测监管，推动农业技术升级，拉动地方经济，规模达到 29.5 万亩，成为我国最大的环境友好蔬菜基地，成功带动当地近万农民就业。

　　全球采购互惠共赢：康师傅在全球采购过程中重视与发展中

国家供应商的长期合作与互惠共赢，每年定期派出专业辅导小组为马来西亚、印度尼西亚的胡椒农户提供农产品品质管理辅导，带动当地农户和社区经济收入。每1—2年与巴西橙汁供应商进行食品安全控制技术交流，协助其开发橙汁的衍生性产品。目前，该巴西橙汁供应商的橙汁产品全部获得"雨林联盟"认证。

共享先进技术带动行业进步：康师傅还与北京大学医学部、上海交通大学农业与生物学院等高校瞄准行业需求，共同开展科技研发。其中与江南大学历时两年合作完成的"棕榈油中 TPG 的检测应用与煎炸控制技术"主要用于检测油品质量，杜绝劣质油的混入。这个技术对食品加工用油的源头风险防控具有突破性意义，康师傅无偿将该领先的食安技术与行业共享，带动行业企业共同进步。

🗩 **专家评语**

王幸
凯度集团大中华区 CEO、凯度 BrandZ™ 全球主席

在合作端，康师傅通过分享管理、研发技术等资源，以数字化创新赋能其行业伙伴，帮助合作伙伴实现业务突破，共同促进产业升级。

4.3

终身用户价值

Life-long User Value

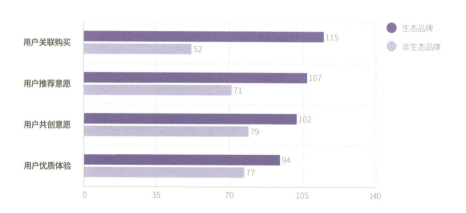

图9. 终身用户价值维度：生态品牌与非生态品牌细分属性表现对比（指数化结果）

　　相较于传统品牌范式下的一次性交易顾客，生态品牌更聚焦于培养能够持续活跃在生态内、与品牌互动并进行交易的终身用户。[1]"终身用户价值"这一维度旨在评估品牌通过与用户持续交互，获取大量个性化数据，并迭代用户体验，从而创造的终身用户价值——终身用户通过在生态内持续获得超越期待的体验，并积极地与品牌持续性互动、共创，自主地分享品牌故事，成为品牌的"首席推荐官"，也促进了他们在该生态中的关联购买。

生态品牌与非生态品牌在"用户关联购买"与"用户推荐意愿"上存在明显差异，主要原因在于生态品牌与非生态品牌在"用户优质体验"和"用户共创意愿"方面所达到的互动深度不同，从而导致用户与品牌之间建立起的情感共鸣和信赖感程度不同，最终带来了在关联购买与推荐意愿方面更明显的差异。

⦿ 以用户为中心，提升品牌体验已经成为众多品牌的发展重点，因此实现"用户优质体验"是对生态品牌建设的基本要求。与非生态品牌相比，生态品牌更能够在每一次与用户交互的过程中，通过积累用户全触点个性化信息，不断迭代产品、服务、解决方案，根据场景主动预测用户需求，从而提供超越期待的体验。

⦿ "用户共创意愿"即用户愿意主动与品牌交流互动，并随着互动程度加深，参与到品牌的产品、服务、解决方案的设计和优化中去。我们的研究发现，生态品牌善于挖掘目标用户的更深层的需求，并通过独特新颖的方式吸引用户的注意力，让他们主动参与

---

[1] 徐佳. 新"用户"时代：从用户体验新生态到终身用户的迭代. 哈佛商业评论（中文版），2021-9-30：24-33.

到与品牌的互动中，从而与用户建立深层次情感联结。领先的生态品牌亦能通过搭建共创平台或用户社区的方式，主动收集用户反馈并及时响应，或邀请用户直接参与到产品、服务、解决方案的创造过程中，推动迭代进程。

- "用户优质体验"和"用户共创意愿"能够激发用户的主动推荐意愿。差异化的产品体验和品牌互动经历为用户贡献了分享内容，而品牌提供的情绪价值则能与用户建立深层联结，因此用户有高意愿主动分享品牌体验经历，这样的推荐模式能够更高效地推动潜在用户的转化。

- "用户关联购买"是在该维度下对生态品牌建设贡献度最大的要素，因为"高关联购买"是"高体验度""高共创度"和"高推荐度"自然延伸的结果，当生态品牌通过持续为用户创造超越期待的实用价值与深层次的情绪价值，品牌与用户之间才能建立高黏度的心智联结，因此终身用户会持续活跃在品牌所构建的生态之中。

**案例一
宝马集团**

　　为了与用户建立信任，产生共鸣，宝马**注重产出具有互动性的内容，与用户建立联结，创造情绪价值，进而提供更丰富、多元的用户体验**。

　　宝马和环球度假区的合作是品牌为用户创造内容和情绪价值的一个绝佳体现。2021年，宝马精心策划了"9·12北京环球度假区宝马品牌日"，在开园前提供抢先体验专属特权，也激活了客户群体的品牌好感度。官方社交平台的在线活动及线下品牌日引起了广泛关注，通过社交媒体引导客户通过 My BMW App 关注活动并参与抽奖，引发了 My BMW App 自运营以来最大的社区活动——吸引几万名车主参加。活动中后期，参加品牌日的客

户在 My BMW App 和社交媒体上分享惊喜礼遇、活动精彩瞬间，引发二次关注；不同圈层的意见领袖也深度参与到活动中并产出传播内容，进一步扩大了活动在不同圈层的影响力，使宝马品牌为客户创造的更具互动性、更加富有情感的多维度品牌体验在社交媒体上得以放大。

💬 专家评语

弗雷德·范伯格

密歇根大学罗斯商学院约瑟夫·汉德曼市场营销学讲席教授
统计学教授、市场营销学院主任

"宝马品牌日"阐释了品牌如何通过市场营销活动与现有用户进行交互，并转化潜在客户。该活动亦是一种间接收集用户反馈的方式，以便品牌可以及时地采取行动，为用户提供个性化体验。

<table>
<tr><td>案例二
钉钉</td></tr>
</table>

对于钉钉来说，数字经济就是实体经济，它不是某一个行业最佳实践的结果，而是服务于实体经济的千行百业。对于小微企业，钉钉提供开箱即用的数字化解决方案。对于大中型企业，云钉一体提供平台能力和丰富的生态应用，让IT人员可以持续扩展，让业务人员能用低代码开发自己的应用，让专业的生态伙伴参与具体场景的定制。

2021年钉钉发布 APaaS 低代码平台（Application PaaS），邀请生态伙伴在平台上搭建个性化场景应用系统，创建"数字化平台 + 低代码开发工具"的模式，是**钉钉探索服务中小企业数字**

化的低成本、个性化、可规模化普及的新路。对中小企业来说，设备巡检、工单分发、表单制作是刚需，低代码应用对此适应能力强，配合协同办公工具，容易实现"小预算的数字化"。

过去一年多，大量满足个性化需求的应用在钉钉上被开发出来。截至 2021 年 12 月底，钉应用数增长 5.56 倍，钉钉上的低代码应用数超过了 240 万，钉钉上所有开发者数量超过 190 万。

中国品牌用低代码在云上搭积木

过去一年，在钉钉上产生240万低代码应用，90万低代码开发者带来千行百业的云上创新 制造、能源、交通、零售行业纷纷拥抱云钉一体

在通过 APaaS 解决应用大量创建的问题之后，随着服务领域的扩大，钉钉发现应用之间相互连接的问题逐步凸显。产业互联网的赋能方向就在于通过技术**实现产业链资源的横向与纵向的多维整合和数据打通**，为此，钉钉在低代码的基础上，进一步推出 BPaaS（Business PaaS）。

钉钉将 BPaaS 原理形容为"修一条运河"。BPaaS 连接了运河两侧的各种支流、湖泊，底下的连接器、主数据，包括钉钉 IM 的群接口、机器人接口都是打通的，这些湖泊就是包括酷应用在内的各种应用，反映到业务层面，运河的存在可以实现各种数据快速流转。

这种 APaaS 与 BPaaS 相结合的方式，**将产业互联网数字赋能的效率以可量化的方式展现出来**。以无锡普天铁心智能化工厂为例，在钉钉上集成了多套业务系统，实现数据互联互通，打破数据孤岛后，订单交付周期由 8 天缩短到 4 天。通过生产数据的在线检测，操作损耗报废率降低了 25%。

**案例三
中粮**

　　为响应中国消费者从"吃得饱"到"吃得好""吃得健康"的膳食升级需求，中粮不断加强营养健康研究，着力推进科技研发，赋能自身产品与品牌，先后牵头国家重点研发计划项目6项、参与30项，拥有专利总量三千余件，主持制定国际、国家或行业技术标准两百多项，获得多个国家科技进步奖项。

　　基于上述一系列扎实的科研基础，中粮在消费端的创新优势日益凸显。聚焦中国消费者体质特点与实际需求，中粮在科学配比、膳食均衡、品质调控等方面不断加强研发，相继推出了福临门自然香大米、营养家黄金小黑葵葵花仁油、活粒鲜胚玉米胚芽油、中粮家佳康亚麻籽猪肉等一系列新品，成为**消费者的餐桌常备、可信赖的国民品牌**。

　　中粮把守护14亿中国人餐桌上的幸福视作最重要的品牌使命，源源不断为广大消费者提供更优质的民生产品，同时积极承担保障民生的重任，致力于为人民创造美好生活。

4.4

共赢增值效用

Multi-Win Value-Added Symbiosis

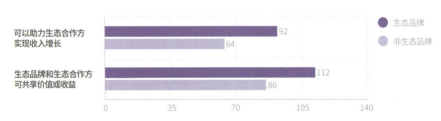

图 10． 共赢增值效用维度：生态品牌与非生态品牌细分属性表现对比（指数化结果）

"共赢增值效用"评估了品牌为生态合作方带来的增值效用。品牌通过与生态合作方开放协作、资源互通、联合共创，助力其提质增效，实现业务升级、收入增长与品牌形象提升，最终达到互利共赢的局面。

该维度下，生态品牌与非生态品牌在"可以助力生态合作方实现收入增长"与"生态品牌和生态合作方可共享价值或收益"两大要素上的指数化得分差异分别为 28 分、26 分。

● 在 VUCA 时代下，企业都面临着巨大的挑战与竞争压力，互利共赢的方针是对企业的现实需要与诉求的回应，也是企业未来可持续发展的破局所在。在企业和品牌的生态化转型中，开放协同共创是行动，共赢增值是最终目标。相较于产品品牌与平台品牌，生态品牌可以利用生态合作网络提供的全链路资源优势，以整合数据、技术、业务经验等方式实现降本、增效、提质，赋能合作伙伴业务发展。同时，合作共创的方式也可以帮助合作伙伴提升知名度与信任度，有效助力生态合作方的营收增长。

● 生态品牌在其生态合作体系中扮演的是一个组织者的角色——依托自身资源与能力建立生态机制，联动各类生态合作方，并帮助他们在设计、研发、制造等全流程中打破行业壁垒，共同"将蛋糕做大"，最后各方分享收益。生态合作伙伴间不应是零和博弈，而要能够共赢共生。① 生态品牌不会狭隘地关注自身的收益份额，而是着眼于长远的伙伴关系维护与生态体系价值创造。只有这样，生态各方在未来才会有足够的动力持续地参与生态共建，才能在当今纷繁复杂的环境中实现共生、共荣、共赢。

---

① 凯度集团，牛津大学赛德商学院，海尔集团. 物联网生态品牌发展报告. 北京：新华出版社，2020:63,69.

<table>
<tr><td>案例一
海尔</td><td>**Haier**</td></tr>
</table>

　　海尔的卡奥斯COSMOPlat工业互联网平台链接企业近90万家，**与技术、政府、行业伙伴开放协作，共创共享"数字生产力"，形成工业互联网新生态，并持续分享新增值。**

　　技术合作伙伴层面，海尔卡奥斯与海恒共创云管边端一体化的平台安全解决方案，有效降低了工厂运行安全和数据安全风险，保障工厂系统的高可用性和持续稳定运行，双方在安全领域的合作，预计可**为工厂提升产能上千万元。**

　　政府合作伙伴层面，海尔卡奥斯与山东省淄博市成立合资公司，共建海智造工业互联网平台。打造1个通用装备IIoT平台总部基地、1个应用创新推广中心，与鲁中耐火、德佑电气、纽氏达特等共建产业上下游生态系统。海尔卡奥斯为纽氏达特打造的

工业机器人智能云平台，实现**设备运维成本下降 40%，设备停机率下降 10%**。

行业合作伙伴层面，海尔卡奥斯与奇瑞共建中国首个汽车行业工业互联网平台——海行云，连接用户与资源，从生产汽车扩展到智慧出行生态，提供数字化科技、工业数据增值等多种服务。消费者可通过 App 实现个性化定制，从选车、上牌到服务、维保等各环节享受全生命周期服务。**平台链接奇瑞上下游 375 家零部件企业，零部件企业的不入库率提高 10%，平台也入选了安徽省省级"双跨"平台。**

💬 专家评语

弗雷德·范伯格
密歇根大学罗斯商学院约瑟夫·汉德曼市场营销学讲席教授
统计学教授、市场营销学院主任

从海尔卡奥斯的案例可以看到，品牌通过与政府和企业合作共创，为社会和生态系统中的合作伙伴提供了价值。卡奥斯与海恒合作共创的平台安全解决方案也表明，双方都渴望通过这样的合作模式分享资源，达到双赢的局面。

**案例二
钉钉**

云钉一体战略实施以来，钉钉生态开放程度不断加深，目前，钉钉生态伙伴总数达 4000 家，其中包括 ISV 生态伙伴、硬件生态伙伴、服务商、咨询生态和交付生态伙伴等。钉钉与生态伙伴服务范围全面覆盖了 20 个国民经济行业，遍布 135 个地级市。同时，钉钉开放的接口总数量也由 2021 年年初的 1300 多个扩大到了 2400 多个。钉钉的企业用户覆盖互联网、房产、医疗、教育、制造、服务、仓储运输、金融、传媒、投资、广告等全部一级行业和全部 96 个二级行业，覆盖从超大型企业到微型企业在内的全部企业类型，具备覆盖全部 334 个地级行政区上门服务的能力。

钉钉借助整个阿里云前线的行业化销售能力以及自身的客群触达能力，助力合作伙伴迅速缩短产

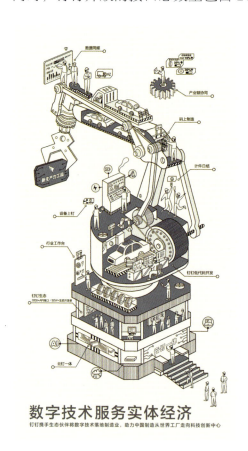

数字技术服务实体经济
钉钉携手生态伙伴将数字技术落地制造业，助力中国制造从世界工厂走向科技创新中心

品与用户之间的距离，大幅简化商业化链路，减少商业创新的试错成本。

钉钉以生态共生为基础的分成机制及返佣模式，也成为合作伙伴健康发展的基石。钉钉开放平台上的 ISV 生态分成比例平均在 15% 左右（视行业不同会有差别），在此基础上，根据业绩等方面还会进行激励性返佣，综合下来分成大约是 10%。依据数据测算，**钉钉每赚 1 块钱，即给生态伙伴带来 9 块钱的收入**。

目前，钉钉开放平台上架应用数量超过 1100 个，最近一年多以来，钉钉上营收过千万的 ISV 生态伙伴数量新增 11 家，近一半上架应用的 ISV 公司成功融资，钉钉上纯 SaaS 服务商过去一年获得的融资总额超过 60 亿元。

■ 专家评语

陈宇新

上海纽约大学商学部主任
纽约大学斯特恩商学院市场营销学教授

钉钉是一个从平台品牌进化为生态品牌的成功范例。其"让进步发生"的品牌主张体现了生态品牌合作共享共赢的思维方式。云钉一体将平台能力和生态应用无缝结合，是生态品牌打造的一个重要创新。由"低代码革命"赋能的"码上制造"帮助实现了数字化普惠和线上线下的贯通，从而进一步拓展了生态品牌的边界，创造了巨大的自身商业价值、生态伙伴价值和社会价值，并将三者有机结合，相辅相成。钉钉的理念和实践非常值得其他构建生态品牌的企业参考和借鉴。

**案例三
中粮**

依托"从田间到餐桌"全产业链商业模式，中粮通过深度利益联结、特色产业集群等方式带动上下游产业发展，不断为相关合作伙伴创造可持续的收益，促进农业现代化转型。

在中国黑龙江省绥滨县，中粮与当地政府牵头，集合多家单位共建农业公司，科学发展大米产业链，同时以股权为纽带，通过"公司＋合作社＋农户"的模式，将农民纳入产业链中。2021年，实现平均每家农户分红4209元，最多一户分得9854元。在内蒙古自治区，中粮为牧场主们提供资金、技术支持，并联合高校、科研机构免费为牧场提供先进管理技术交流等服务，累计组织技术培训3000余场，覆盖超过50000人次。

为助力粮食收购、帮助广大农民"落袋为安"，2022年夏粮收购期间，中粮在产区粮库完成数字化粮库智能版和自动扦样器的安装工作，通过数字化粮库实现一卡通、无纸化、无时差，保障夏粮收购工作平稳有序地进行。为助力农户获得优质生产资料和市场动态信息，中粮推出"粮圈儿"App，聚合农民种粮所需的多种生产资料及服务，如预约农机、运粮服务等，还可以一键了解粮食实时收购情况及市场价格波动情况，以把握时机卖出高价。

为缓解中小微供应商、经销商等产业链合作主体融资难问题，中粮大力发展供应链金融服务，在管控风险的前提下，竭力提供简单、便捷、灵活、高效的金融支持，不断提升灵活度，有效降低融资成本，助力中小微企业健康发展。

专家评语

陈宇新

上海纽约大学商学部主任
纽约大学斯特恩商学院市场营销学教授

中粮的生态品牌建设的主要特色和优势是其"从田间到餐桌"的全产业链商业模式。通过以深度利益联结、特色产业集群等方式带动上下游产业发展，中粮造福消费者，并为合作伙伴带来了可持续的收益，同时做出了包括确保中国粮食安全在内的巨大社会贡献。

**案例四
特斯联**

**TERMINUS
特斯联**

　　特斯联分别与科大讯飞、商汤科技、海康威视、第四范式、奇安信等企业合作成立了联合实验室。目前，特斯联已在全国落地包括公共安全、智慧消防、智慧能源在内的各类综合智慧项目8400多个。为落实国家的新基建政策，特斯联推出定义未来城市的标准化产品——AI CITY（人工智能城市），目前已在重庆落地建设首个世界级项目。特斯联 AI CITY 还将在沈阳、武汉、南京、迪拜等多地实现逐步落地。特斯联的众多智慧项目，都为合作伙伴提供了落地场景。

　　特斯联以智能传感器、通信模组、数据处理平台为基础，将庞杂的产业和城市场景降维成多个垂直模块，逐一升级为数字级

的行业产品，助力提高产业和城市智能化水平。在特斯联已完成落地的智慧项目中，**实现案件发生率下降 90% 以上，节省建筑运维人力成本 40%，降低能耗 30%，服务超过千万人口，为客户提供更智能、更便捷的生产和生活服务。**

4.5

社会价值贡献

Social Value Contribution

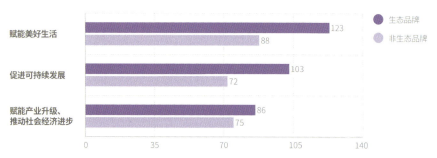

图 11. 社会价值贡献维度：生态品牌与非生态品牌细分属性表现对比
（指数化结果）

　　"社会价值贡献"评估了品牌为提升社会的整体价值所做出的贡献。这里的社会价值包括环境和资源的可持续、社会问题的缓解、人民物质文明和精神文明的提升，以及产业升级，最终促进社会经济的进步。

　　在该维度上，生态品牌与非生态品牌拉开差距最大的关键要素是"赋能美好生活"和"促进可持续发展",表明生态品牌对于提高人类福祉以及建设绿色、可持续发展的地球方面的贡献尤为显著。

● "商业向善"已经成为企业不可或缺的责任。我们发现,在社会问题暴发时,履行企业社会责任的方式成为区别生态品牌与非生态品牌的关键。相较于传统的公益慈善行为,生态品牌能够通过实践"社会创新"的方式履行企业社会责任。[①] 他们从自身业务出发,通过生态网络,敏捷迅速地调配资源,最终通过提供创新产品、服务、解决方案或赋能合作方参与社会贡献等方式,助力社会问题的解决。同时,生态品牌不仅关注本土事件,他们能够以更宽广的视野,通过跨国资源体系,助力解决全球性难题。

● 随着气候变化问题受到越来越高的关注,人们的生活方式和企业行动都朝着更可持续的方向发展。本次研究发现,几乎所有参评品牌都在一定程度上响应着联合国可持续发展目标(Sustainable Development Goals)。与非生态品牌相比,生态品牌更能够从全生命周期出发,在企业内部制定绿色愿景和环保策略的同时,也会在构建的生态内广泛传播并引导合作伙伴和用户践行绿色行动。同时,领先的生态品牌也会对自身提出更严苛的要求,以实际行动做出行业表率。

---

① 林泽炎. 创新履行企业社会责任与社会企业发展. 中国发展观察,2020-8-6:13-14.

● 随着数字经济和实体经济的融合发展，领先的生态品牌通过连接上下游的众多合作伙伴，搭建开放平台，进行商业资源（如数据、技术）的整合、共享与深度融汇，从而在赋能产业升级方面取得积极成果。生态品牌受益于自身灵活敏捷的组织架构、高度的生态开放性以及共享能力，支持生态内的合作伙伴跨行业自由协作和共创，从而更加充分地发挥生态内的经济效益，促进更广泛的社会经济的可持续发展。

**案例一
海尔**

Haier

　　海尔生物研发的解决方案，**涵盖采集、转运、检测、接种等全流程和全场景，正在全国各地构筑疫情防线**，助力全面打赢新冠肺炎疫情阻击战。2021年3月以来，在新冠疫苗应接尽接背景下，海尔生物首创的移动接种车因其安全性高、可上门服务等优势，受到广泛好评，不仅快速部署到企事业单位、学校和社区，**还深入偏远村镇、厂矿、部队等特殊区域作业，已为200多个城市和乡镇的5000多家单位提供新冠疫苗接种服务，为人民群众生命安全提供坚实保障**。2022年3月以来，全球暴发新一波疫情高峰，海尔生物24小时待命，克服任务急、

工期紧等不利因素，第一时间为青岛莱西配备安全采样工作站，实现快采、快检、快清零；8 小时通宵赶工为济南安装完成六合一气膜实验室，将生物安全柜等设备迅速发往烟台、滨州等地，大大增强山东各地防疫保障能力；向武汉紧急驰援 24 台生物安全柜、9 台试剂冷藏箱，在 4 小时内安装到位，助力当地尽快实现动态清零；第一时间向香港、上海、吉林等十余个省份援助移动核酸检测方舱、生物安全柜、转运箱等设备，**为医护人员创造专业防护环境，提高核酸检测的安全性和精准度，大大提升各地的快速检测力、应急保障力、安全防护力。**

📰 专家评语

陈宇新

上海纽约大学商学部主任
纽约大学斯特恩商学院市场营销学教授

海尔的生态品牌打造是生态品牌构建的一个传奇和范例。海尔的成功不仅为用户创造了美好体验，为生态伙伴带来了合作共赢，同时也贡献了巨大的社会价值。作为一个成功的生态品牌，海尔超越了从品牌出发建生态的习惯思维，而是主动地以生态思考做品牌。其理念、架构和执行具有值得其他致力于生态品牌建设的企业学习借鉴的创新性和先进性。

**案例二
平安智慧城市**

平安智慧城市
PING AN SMART CITY

　　平安智慧城市秉持**"优政、兴业、惠民"**的建设理念，打造数字智慧城市全面解决方案：运用大数据、云计算、区块链、人工智能等前沿技术推动城市管理手段、管理模式、管理理念创新；全面助推新时代数字政府、数字经济、数字社会、数字生态发展，让城市更聪明、更智慧。目前，平安智慧城市业务覆盖156个城市、168万家企业，服务了1.3亿市民，并与多个"一带一路"沿线国家和地区展开合作。

专家评语

陆定光
法国里昂商学院市场营销学教授
法国里昂商学院欧亚品牌管理中心主任

平安智慧城市有长远而清晰的发展战略，在"ABCDEFGH"八大核心技术和"优政、兴业、惠民"的企业愿景下，建立完整的生态圈，发展和提供数字政府、数字经济、数字社会及数字生态等业务或活动，且其活动和提供的利益具有前瞻性，其先知、先觉及先行的表现能推动行业的前进。它的八大核心技术为生态圈内参与者在共创价值及互动上提供有利的条件，为企业的创新提供更优化的环境，而企业创新活动取得的成绩亦广获国内外的认可，其业务的成功推展亦能为社会提供更多价值，让城市生活更方便、更美好。

**案例三
京东方**

BOE

科技因解决问题而生，京东方不断推动技术创新，积极通过科技助力社会责任议题。

在"双碳"背景下，京东方积极**践行绿色低碳发展理念**。以荣膺"灯塔工厂"的京东方福州第 8.5 代半导体显示生产线为例，通过自研 AI 驱动能源管理系统，产线单位电耗下降 39%，单位水耗下降 27%，极大提升绿色可持续发展能力。另一案例为京东方电子价签及智慧零售解决方案，电子价签在全球出货 2.8 亿个，服务超过 60 个国家的 3 万余门店，每年变价 50 亿次，相当于节约纸张 6000 吨，保护 10 万棵树木免遭砍伐。

在**技术普惠**方面，2021 年，京东方联合国家知识产权运营公共服务平台及多家企业组建了系列专利池，意在让专利广泛惠及大众。京东方入池 AIoT 专利包括图像检测、图像超分等技术，入池公益专利包括导盲、监护等助残和适老技术。

> **专家评语**
>
> **戎珂**
> 清华大学社会科学学院教授、经济所副所长
>
> 京东方以半导体显示为核心技术，培育"1+4+N"的显示物联生态，通过体系化的供应链管理，赋能供应商等生态合作伙伴，并不断拓展终端应用场景，在智慧医疗、教育、金融、零售等领域与生态伙伴协同演化，实现价值共创。切实创造了较大的社会价值，并具有一定的国际影响力。

案例四
中粮

作为立足中国的国际大粮商，中粮坚持**强化全球农粮资源配置，优化全产业链，与国际社会共同打造稳定、安全、顺畅、高效的农粮产品供应体系，携手应对粮食生产与供给不平衡、气候变化、新冠肺炎疫情等全球性难题。**

中粮已建立起连接 140 多个国家和地区的全球运营网络，通过在南美、黑海等优质农粮主产区的布局与建设，不断加强一手粮源掌控能力；积极推进港口、码头、内陆节点等仓储物流设施投资合作，在巴西桑托斯、阿根廷罗萨里奥、美国圣路易斯、罗马尼亚斯坦察等全球重要粮食出口和内陆物流节点建立中转基地；

拥有大型现代化海运团队，同时加强与食品企业、港航企业间的合作，全年 7×24 小时将优质农产品运往核心主销区，搭建起横跨东西半球的粮食走廊；在美洲、欧洲和亚洲等粮食主产区和主销区投资兴建百余个加工厂，在最短的时间用最合适的方式将其转化为食品企业与养殖户所需的原材料和消费者餐桌上的食品。

2021 年，中粮年经营量达 1.9 亿吨，全球仓储能力达 3300 万吨，年综合加工能力达 9500 万吨，年中转能力达 7400 万吨，主要农产品进口规模超 4500 万吨，占中国进口总量的 1/4 以上。

▣ 专家评语

戎珂

清华大学社会科学学院教授、经济所副所长

中粮集团切实做到全产业链协同，集成多元的合作伙伴，对农民、中小微企业等主体的赋能具有普惠价值；同时中粮集团具备生态出海的能力与实践，充分发挥网络效应，建立起高效的全国乃至跨国的粮食供应体系，在应急管理、粮食安全保障等方面发挥重要作用。未来可进一步推动数字化能力赋能粮食生态体系的创新演化。

案例五
中信银行

为践行"双碳"战略下的可持续发展目标，中信银行积极响应号召，探索建设"绿色银行"。中信银行围绕城市的碳普惠机制建设，搭建"绿信汇"低碳生态平台，开发首个由国内银行主导推出的个人碳账户——"中信碳账户"，让用户的绿色低碳行为可计量、可追溯，**让绿色消费行为数字化、可视化、资产化、价值化，推动绿色低碳广泛融入民众生活**。作为助力城市碳普惠建设的一款创新绿色金融产品，"中信碳账户"作为计量个人碳减排的"绿色账户"，得到深圳市政府、深圳市地方金融监督管理局、深圳银保监局的大力支持，以深圳作为试点，与深圳市生态环境局、深圳绿金委、深圳排放权交易所开展深入合作，共同**打造绿色发展的深圳样板，未来将推向全国各城市**。

专家评语

王华

法国里昂商学院副校长、亚洲校长、亚欧商学院法方院长

中信银行从金融平台的视角，充分发挥金融加实业的集团协同优势，积极打造共生共赢生态，尤其是新消费生态上的拓展，以及针对企业的创新金融服务，这些都是该公司的亮点。在"双碳"的战略驱动下，"中信碳账户"的绿色账户等前瞻性做法，更是助力中信银行在同行中实现差异化，提升品牌美誉度。

案例六
泰雷兹

　　为应对全球变暖，泰雷兹致力于在全球范围内推广并践行"低碳未来战略"，计划于 2040 年实现"净零"碳排放目标，启动科学碳目标倡议（Science Based Targets Initiative）认证流程，以证实其实现碳减排目标的进展。此外，泰雷兹预计到 2023 年，所有新产品和服务项目将 100% 采用生态设计原则。泰雷兹还将系统地引导供应商参与碳减排，并为其实践提供更多支持。预计到 2023 年，150 家高污染供应商的碳减排行动计划将 100% 获批并启动。泰雷兹还将与供应商进行系统性协同努力，使全供应链在 2030 年达成碳减排 50% 的目标。

专家评语

陆定光

法国里昂商学院市场营销学教授
法国里昂商学院欧亚品牌管理中心主任

科技、创新活动、与优秀的研发中心合作，以及与顾客共创科技产品和价值是泰雷兹支持业务发展生态圈的重要组成部分。为生态圈背书的绿色经济，以及与生态成员共同持续发展的管理理念是泰雷兹在生态品牌方面至今取得的优秀成绩。泰雷兹在其五大市场，包括数字身份与安全、轨道交通与航空航天等方面的产品和服务能解决社会大众在生活中的住、行等问题，提高生活质量，为社会做出贡献。

案例七
骊住

骊住在"碳中和""大健康""低能耗"与"节水"四大领域的创新技术和卫浴家装解决方案，能够显著降低碳排放；骊住以推动环境可持续发展为己任，提出"2050年环境愿景"，将**可持续发展理念贯彻进发展战略中，推动整个价值链的循环制造**。目前，骊住在全球已有8家工厂实现了碳中和，其中美标江门工厂通过碳交易购买水力发电可再生能源，已于2020年实现"碳中和"目标，并荣获国际可再生能源证书（I-REC Certificates）认证。同时坚持从生产端回收利用，使用环保板材

及低能耗设计，同步推进无塑包装。

骊住与多家全球政府及公共组织合作，为全球可持续发展议题贡献力量。骊住与联合国儿童基金会合作的 MAKE A SPLASH 已在五个国家展开，旨在开创应对全球及个人卫生挑战的全新方法。

骊住参与了众多机场、展览中心、博物馆等地标性公共项目的建设，同时为中国 100 余家医院、80 余所学校、30 余个康养项目提供洁净产品，助力中国卫浴行业蓬勃发展，实现对中国公共健康层面区域升级的承诺。

骊住旗下品牌高仪在全球范围内发起"减塑倡议"，用可持续性替代品取代产品的塑料包装，并于近期获得"从摇篮到摇篮"金奖认证（Cradle to Cradle Certified）。这一全球公认衡量循

📄 **专家评语**

陆定光
法国里昂商学院市场营销学教授
法国里昂商学院欧亚品牌管理中心主任

保护环境、保护水资源、确保环境的可持续发展和注重全球卫生是骊住的经营管理理念的核心组成部分，对这些核心企业文化的执着追求，让骊住在社会价值、美好健康的生活、企业的社会责任上取得不错的成绩。

环经济中更安全、更可持续的产品标准，保证了产品全生命周期均大幅减少对资源的消耗。骊住旗下品牌美标则将节水科技作为研发的重中之重，进入中国市场 37 年以来，美标通过其节水座厕已为中国家庭节省了约两亿吨水。

专家评语

刘学

北京大学光华管理学院组织与战略管理系教授

骊住坚持通过有意义的设计、坚持开拓进取精神、致力于提升产品的使用体验，以负责任的方式推动业务增长，通过数字化工具和技术，充分压缩了"企业—产品—人"之间的距离。

案例八
康师傅

康师傅

以"家园常青，健康是福"为可持续发展理念，康师傅持续努力从绿色发展中寻找新的机遇和动力。

全链路塑料管理倡导低碳理念：借鉴全球合作伙伴的先进经验，康师傅在 2021 年启动了全面碳盘查，并将盘查范围拓展到了上游原材料端和下游渠道伙伴端，为全面减碳打好扎实的基础。为倡导"环保低碳"的消费理念，康师傅加速推动包括饮料瓶身、标签、外包装等多环节中的全链路塑料管理，于 2022 年 3 月推出了中国食品饮料行业内首个无标签饮料产品，包括无糖版冰红茶

和柠檬口味冰红茶。同时，康师傅对部分产品减少或优化包装，预计每年可减少 PET 粒子使用 3400 吨。康师傅又将生产过程中产生的部分废 PET 瓶和废瓶坯进行回收利用，预计每年可实现约 6000 吨废 PET 循环利用。

ECOSYSTEM BRAND
EVALUATION
生态品牌认证

Chapter 5

第五章

Extra Perspective

视野拓展

面向产业链集群的
产业生态品牌塑造路径探讨

朱岩

清华大学互联网产业研究院院长、清华大学经济管理学院教授、博士生导师

全球新冠肺炎疫情导致的隔离阻断，对全球产业链、供应链带来巨大冲击，停工停产导致链上企业原有的产品订单削减甚至消失，即使未受疫情影响的企业，其原有的零部件供货也因为物流中断等原因中断生产。面对疫情中脆弱的全球产业链，原有的产业链水平分工模式受到了很大挑战，在数字经济时代，如何构建一个更加强壮的全球产业链已经成为各国产业发展的重要课题。从近些年的产业链创新经验可以看到，在一定地域范围内形成产业链集群，进而创造产业生态品牌，是提高产

业生态价值、增强产业链韧性、赋能产业生态创新能力的一个重要举措。本文从分析国内外产业链发展趋势入手，探讨产业生态品牌塑造的路径，并对如何打造高质量产业生态品牌集群提出了建议。

一、国内外产业生态发展状况综述

（一）国外产业链发展现状分析

欧盟委员会 2020 年 3 月颁布《有关外商直接投资和资本自由流动、保护欧盟战略性资产收购指南》，德国政府 2020 年 4 月 8 日宣布修改《对外经济法》，旨在对非欧盟国家投资实施更加严格的审核。美国更是在近几年加大了对中国的技术禁运，不断加长的实体清单不仅影响了中国企业，同时也改变了全球产业链。

综合各国政府对产业链的政策和目前所发生的产业链变革，我们可以看到世界产业链格局的变化具有如下趋势：

第一，跨国企业更加注重"三链"融合，并开始向产业链集群方向发展。"三链"指的就是产业链、供应链、价值链。产业链上的各种企业是一个集群，他们之间是互相服务、互相依存的关系。以前，只要掌控资本和技术，跨国公司就可以控制全球的产业链，随着数字技术的全面普及，产业链标准变得越来越重要。在同一标准体系下，产业链聚集为产业链集群，进而向产业生态品牌方向发展。

第二，数据要素逐渐成为产业生态中的基本要素，通过数据

交易更容易形成品牌化的产业集群。各跨国企业都非常重视数据在产业生态重构中的作用，并在积极探索多种形式的数据交易模式。随着企业间数据交易模式的成熟，涌现出大量基于数据的中间产品和终端产品，从而进一步加强了数据交易伙伴间的协同能力，进而形成更加强有力的产业集群品牌。

第三，基于数字技术的平台化、智能化、共享化商业模式加速了产业生态的品牌化。数字技术让产业链标准可以更快速、准确地执行，从而带来了产业链上的价值重组，进而形成全新的商业模式。这些商业模式体现出平台化、智能化、共享化的特征，并形成了更紧密的产业生态伙伴关系，为产业链品牌、产业生态品牌奠定了基础。

第四，产业链协同创新手段走向数字化，并大大提升了创新效率和效果。面向工业技术的科技创新体系已经相对成熟，但有了数字技术，原有的创新模式已经不能满足产业链数字化转型的需要。于是出现了大量开放、协同创新的新模式，这大大提升了全球产业链的创新效率和效果。

（二）国内产业链发展现状分析

中央在多份文件中明确提出要"提升产业基础能力和产业链现代化水平"，建设现代化产业链已经成为中国经济发展的必由之路。与发达国家的产业链相比，中国在产业链上的主要优势包括：

第一，中国得天独厚的制度优势，为产业链现代化保驾护航。中国拥有党的全面领导的政治优势，具有集中力量办大事的制度优势。同时，超大规模的市场空间，也是形成国民经济内循环的重要保障。

第二，中国工业体系完善，产业链有一定完整性，抗风险能力强，具备建立产业链集群、形成产业生态品牌的良好条件。目前，中国拥有 41 个工业大类、207 个工业中类、666 个工业小类，是全世界唯一拥有联合国产业分类中所列全部工业门类的国家。产业门类齐全，基础设施完善，各个行业的上、中、下游产业形成聚合优势。中国工业规模居全球首位，是全球第一制造业大国。

第三，中国消费互联网发展基础较好，数字化基础设施建设力度较大。经过 20 年的发展，中国在消费互联网领域形成了全球最大的电子商务网络，基本完成了消费端的网络化迁移，积累了庞大的消费互联网市场，拥有世界最大的网民群体。此外，"新基建"为数字经济建设提供了必要的基础设施，为产业转型升级奠定了基础。

中国产业发展虽取得巨大的成就，但与美国和欧洲相比还有一定差距。主要表现在如下三个方面：

第一，中国部分产业链的核心技术缺失，存在产业链安全隐患。中国部分产业领域存在核心技术缺失，对外依赖度较高。在高端芯片、高精度装备、国产工业软件等若干领域存在"卡脖子"现象。这些核心技术缺失让中国的大量产业链存在着安全隐患。

第二，中国产业链协同创新不足，制约产业链整体水平提升。中国很多产业链上下游合作不够紧密、协同研发动力不足，各领域科技创新活动分散封闭的"孤岛现象"突出，存在碎片化问题，尚未形成协同联动、共赢共生的创新生态体系。

第三，中国产业链集群与世界级产业链集群对比短板依旧明显。中国产业链集群与世界级产业链集群（如美国硅谷信息产业集群、英国伦敦生命科学产业集群、德国斯图加特汽车产业集群、日本爱知丰田汽车产业集群等）差距依旧明显。

二、面向产业链集群的中国产业生态的发展趋势

中国制造业在全球价值链分工体系中面临着"低端锁定"困境，在产业升级与攀升过程中受到发达国家和先进跨国集团的价值链纵向挤压，依靠传统的国际分工形式，粗放、全面地融入全球生产网络的做法已经不可为继。为了实现产业基础高级化、产业链现代化，必须依托国内大循环，建设具有中国特色的产业生态。在未来一段时间里，中国产业生态的发展有如下趋势：

第一，依托中国国内大市场优势，产业聚集效应凸显，全球产业链开始向中国聚集，并开始形成国际性产业生态品牌。中国拥有超大规模的市场，成为确保全球产业链向中国聚集的决定性因素。在汽车、家电、手机、台式机、笔记本电脑等领域，中国已经形成了若干产业链集群，通过产业集群的标准化，吸引了更多国际产业链走向中国，并与国内产业链一起，形成了国际性产业生态品牌。

第二，数据成为产业链中的新资产，并在产业生态中逐渐发挥出核心要素的功能，从而丰富了产业生态的内容。数据是新的

生产要素，是基础性资源和战略性资源，也是重要生产力。随着中国传统产业的数字化转型，数据开始在产业生态中加速流转，一方面，产业生态内数据的开发共享让生态内企业能更紧密合作；另一方面，数据资产化使得围绕数据的产品开发、服务贸易成为产业生态中的新成员，也是最具活力和潜力的组成部分。

第三，产业互联网平台成为产业新生态的重要载体，并逐渐形成大量产业互联网品牌。产业互联网通过建立产业生态内的统一互联网基础设施、标准体系，成为产业生态的重要基础设施。与消费互联网基础设施不同，产业互联网基础设施以数据要素为基础、以信用为核心，为生态伙伴提供一个安全、可信的数字交易环境。不同产业、不同地域所形成的产业互联网也会有所差异，并最终形成不同的产业互联网品牌。

第四，经济发展的范式发生改变，传统产业在通过数字化转型重塑产业底层规则，并形成更加公平透明的产业新生态。通过数据要素化和要素数据化，经济发展的范式在发生改变，数字空间的价值创造特征正在逐渐被社会接受，传统产业通过数字化转型开始向数字空间进军，并形成数字空间经营的新规则体系。数字消费逐渐为大众所认知，并进一步推动新商业规则的形成。

三、构建产业生态品牌的主要路径

中国在数字经济时代的全球产业链重构过程中面临着巨大的挑战和机遇，中国企业要全面应用系统思维，从产业生态系统的角度思考企业未来在产业生态中的定位，以及新要素在产业生态中的赋能作用。在转型过程中，要敢于舍弃原有的模式和资源，积极参与数据的开放共享，并在数据流转中找寻数字化商业模式，努力与产业生态一道打造国际知名的产业生态品牌。构建面向产业链集群的产业生态品牌的主要路径包括：

第一，抓住全球产业链数字化重构的机遇，结合国家区域发展战略，快速形成数字时代的新兴产业链集群。

经过新冠肺炎疫情，全球产业链开始出现一种新型的全球化趋势，即在一定地域范围内垂直整合成全球化的产业链集群。产业链集群是数字时代的地域垂直整合型生产关系。通过产业链集群最大限度降低运输成本，缩短物流时间，提高物流调度效率，避免各种自然灾害、疫情灾难的冲击。当一个产业链集群形成后，跨国公司就会为了节约时间和协同成本，将它的研发基地、零部件生产厂、整机装配厂转移到此处。

中国需要抓住这次全球产业链集群重构的机会，利用中国在疫情防控上的成就，从全球产业布局的高度，快速布局数字时代的各个新兴产业链集群，通过建设数字产业链集群提升产业链现代化水平。目前，粤港澳大湾区、长三角、京津冀、成渝地区双城经济圈等地域，已经形成鲜明的产业链集群。其他地区也要努力根据自身禀赋，通过打造良好的营商环境形成不同层次、不同规模的产业链集群。

第二，抓住新基建机遇，推动数字生产力在企业中的应用，加速产业链的数字化转型。

　　产业链的现代化离不开现代化的产业基础设施，中央明确提出要大力开展信息基础设施、融合基础设施、创新基础设施建设。新基建之所以如此重要，是因为它是发展数字经济、产业数字化转型、构建现代化产业链的硬件基础。就像是矿山、电力、公路、铁路是工业经济发展的基础一样，数字经济的发展也同样需要建立新的社会和产业运营的基础设施。

　　在新基建的基础上，中央进一步出台各种政策鼓励企业通过"上云用数赋智"等生产力手段重塑产业链。2020 年 4 月 1 日，习近平总书记在浙江考察时再次强调，要善于化危为机，抓住产业数字化、数字产业化赋予的机遇，抓紧布局数字经济。[①]2020 年 4 月 7 日，国家发展改革委、中央网信办印发《关于推进"上云用数赋智"行动　培育新经济发展实施方案》，进一步明确了中国要如何"打造数字化企业、构建数字化产业链、培育数字化生态"。2021 年公布的"十四五"规划中进一步提出了加快数字化发展的若干举措。2022 年 1 月 16 日，习近平总书记在《不断做强做优做大我国数字经济》一文中指出，要"充分发挥海量数据和丰富应用场景优势，促进数字技术和实体经济深度融合，赋能传统产业转型升级，催生新产业、新业态、新模式"[②]，为中国实体经济的数字化转型指明了方向，只要我们能抓住海量数据这一基础，不断创新应用场景，就能够打造实体经济发展的新产业、新业态、

<hr/>

① 李中文 , 江南 , 窦瀚洋 , 窦皓 . 践行 "八八战略" 打造 "重要窗口" （沿着总书记的足迹·浙江篇）. 人民日报 .2022-6-3（1）.
② 不断做强做优做大我国数字经济 . 新华社北京 2022 年 1 月 15 日电 .

新模式，形成具有国际竞争力的产业生态。

第三，大力推进区块链等可信计算技术的应用，建立产业生态内的数字化生产关系，推动开放、透明、可信的营商环境建设。

现代化产业链集群的竞争是营商环境的竞争，是从硬环境到软环境、从基础设施到人才队伍的全面竞争。

为了解决营商环境中的公平秩序问题，企业必须努力实现数字化转型，建立符合数字生产力需要的全新数字化生产关系。这种数字化生产关系是人类历史上从来没有遇到过的，它需要我们顺应社会发展的潮流，大胆创新。向着数据透明、全员可信、身份对等的方向，思考如何在产业生态内基于大数据、云计算、区块链等基础设施，创新伙伴关系、提升市场数字价值，进而建立一种公平透明的数字化生产关系。所以，构建数字化生产关系的一个重要基础就是在每个产业生态中建立高度可信、公平的信用管理体系，而区块链等可信计算技术刚好为建立这一体系提供了技术支撑。

2019 年 10 月 24 日，习近平总书记在中共中央政治局集体学习中指出要加快推动区块链技术和产业创新发展，积极推进区块链和经济社会融合发展。[①] 疫情后的产业生态重构，要充分利用区块链技术信息分布存储、不可篡改等特性，通过设计相应的奖惩机制，保障产业生态中的信息公开透明，从而促进交易的公平性。针对

---

① 习近平.把区块链作为核心技术自主创新重要突破口 加快推动区块链技术和产业创新发展.人民网.2019-10-26.

产业转型升级的需要，建立政府或行业协会主导、龙头国有企业参与的基于区块链的产业生态。通过产业链联盟构建可信的产业生态，从而解决国企与民企之间交易的两难问题，形成良性的国企、民企融合发展模式。民企上链保证了交易的公平性，提升了自身的交易信用，商业银行也就可以为其提供更好的金融服务。

第四，加快培育产业生态数据要素市场，建立产业生态内完善的企业数据资产确权、定价、交易机制。

数据成为要素并能够进行市场化配置，为产业生态利用数据资源创造价值奠定了基础。对现代产业链上的一家企业而言，其经营范围已经不再只局限于传统物理空间中的产品和服务，同时还包括了更加广泛的数字空间中的新产品和服务。企业必须要思考如何在物理和数字的二维空间中构建新的企业模型，尤其是在数字空间中创造基于数据资源的新价值，这也是产业数字化转型的巨大发展空间。以房地产行业为例，通过产业数字化转型，企业提供给市场的不再只是一栋栋建筑，还应该包括每幢楼宇、每个房间的数字化环境，并基于这些数字化环境所产生的大量数据，创造房地产商运营这些数据的新盈利模式。

数据要素如果要成为支撑现代产业链集群的基础生产要素，必须要有一个类似与其他要素的确权、定价和交易机制，建立公平合理的数据产生主体与数据使用主体之间的交易关系。对应于土地市场、资本市场，数据市场也同样需要一个政府主导的交易平台：数据交易平台。通过这一交易平台，一方面，面向社会提供数据资源，鼓励更多企业利用数据资产进行创新；另一方面，它也接收来自各方的数据资源，并利用一定的技术手段完成对数据资产的确权、定价和交易。

第五，鼓励基于现代产业链的产业互联网建设，培育良性竞争的各产业数字经济新生态。

通过建设产业互联网平台，充分体现了数据要素在数字经济时代的价值创造能力，产业生态内的每个企业要利用大数据、人工智能、区块链、边缘计算等技术加工数字空间中的数据要素，把数据变成产品价值的一部分，并进而改变整个产业的价值创造方式。当然，产业互联网也可以直接触达终端消费者，与消费互联网是相辅相成的关系。但产业互联网更注重可信性，为消费者提供基于可信环境的新产品、新服务、新价值，释放终端消费者的数字消费潜力，用数字消费带动产业数字化转型的价值创造能力。

产业互联网保证了产业生态内部的安全可信的数据流通机制，构建了公平、可信的软、硬件环境，因此是建设现代化产业生态品牌的重要方向。例如，制造业产业生态的数字化转型，对单一制造企业来说，随着数字化转型的深入，通过改变产品设计理念，利用工业传感器等数字化手段，增加工业品的数字属性，进而创造由工业品的彼此连接所带来的新商业模式。通过建立工业互联网时代工业企业的数字化产业新生态，传统制造业也将走向产品生产与数字运营并重、制造与服务融合的新发展模式。

*以上文章仅代表作者本人观点，不代表发布方的观点或立场。如有关于作品内容、版权或其他问题请与发布方联系。

物联网产业生态总体态势分析

罗松
中国信息通信研究院工业互联网与物联网研究所副所长

一、引言

物联网是新一代信息技术的重要组成部分，是快速转化为现实生产力，重塑生产组织方式、转变增长方式的基础设施和关键要素。经过十几年的发展，物联网技术取得了长足的进步，产业呈现崭新的局面。"十四五"规划纲要中将"物联网"划定为 7 大数字经济重点产业之一，并对相关产业的发展做出了部署。本文对全球物联网产业生态建设的态势进行研究，为未来物联网产业生态发展提供参考。

二、全球物联网产业生态总体态势

物联网的概念是在 2005 年突尼斯举行的信息社会世界峰会（WSIS）上正式提出的，之后得到广泛关注，全球主要国家积极布局，企业快速发展，目前全球物联网呈现产业规模不断提升、产业力量竞争激烈、产业生态初步形成的特点。

（一）物联网产业规模不断提升

物联网产业规模不断提升。随着 5G 和低功耗广域网等基础设施加速构建，数以万计的物联网设备接入网络，使得物联网产业规模不断提升。据 Statista 报告，全球物联网市场规模预计到 2026 年将达到 1.55 万亿美元，至 2026 年复合年均增长率有望达到 13%。国际数据公司（IDC）指出，2022 年澳大利亚和新西兰在物联网服务和产品支出将在 160 亿美元以上，与 2021 年相比预计增长 13%。亚太地区（不含日本）方面，2022 年物联网市场预计将增长 9.1%，比 2021 年高出 6.9%。根据 IoT Analytics 的统计数据，物联网连接设备数量在 2021 年共计 122 亿，预计 2025 年将上升至 270 亿，复合年均增长率将达到 18%。艾瑞咨询报告显示，2020 年中国物联网设备连接量达 74 亿个，预计 2025 年将突破 150 亿个。

国际形势是未来产业规模增长不确定性的主要因素。当前，全球制造业正面临严峻发展形势，国际形势造成我国半导体短缺和供应链中断等挑战，导致中国市场在 2022 年的增速仅为个位数，进而影响亚太地区物联网市场。但与此同时，远程操作、更广泛的网络覆盖以及商用 5G 测试床的部署，正在推动亚太地区物联网的应用，基础设施将在后续发展中持续发力，车联网、社会公共事业、智能家居、工业互联网等相关行业将成为物联网发展的热点行业。

（二）物联网产业力量竞争激烈

全球物联网产业竞争格局未定，企业都在持续发力，展开激烈竞争。2022 年世界物联网大会发布了"2022 世界物联网 500 强排行榜"，华为获得六连冠，IBM、微软、POCKOCMOC、博世、英特尔、英飞凌、航天云网、施耐德、海尔集团等企业跻身前十强。物联网 500 强上榜企业是从全球近百个国家的上万家物联网数字经济企业中遴选产生的，代表了全球科技和数字经济发展趋势。

芯片成为物联网产业力量的重点布局领域。物联网 500 强上榜企业前十强都直接或间接在芯片领域进行了布局。2022 年 1 月，微软聘请苹果公司原资深工程师 Mike Filippo，以便在 Azure 团队自研服务器芯片。苹果、谷歌、特斯拉、Meta、亚马逊、华为、百度等科技巨头，还有手机圈的小米、vivo 等，都已经布局芯片设计领域。

龙头企业仍然保持竞争优势。根据 IC Insight 机构统计，全球 2020 年物联网芯片市场规模约为 311 亿美元，同比增长 10%；而中国物联网芯片市场在 2020 年约为 622 亿元，同比增长率达到了

20%。蜂窝物联网方面，2021 年第四季度，蜂窝物联网芯片前三大芯片供应商分别为高通、紫光展锐和翱捷科技。非蜂窝物联网芯片方面，跨国企业占据头部位置，前三大 Wi-Fi 芯片供应商分别为 Marvell、高通和 Cypress。物联网通信芯片方面，由于进入壁垒有稍许降低，中国芯片供应商依靠性能和价格优势有望打破现有市场格局，进而带动国内通信芯片整体发展。

（三）物联网产业生态初步形成

物联网平台是构建产业生态的核心，也是整套物联网解决方案的核心。物联网平台对终端设备和资产实现"管、控、营"一体化，实现设备管理、网络连接管理、数据管理分析，甚至商业分析功能。物联网平台的产业投入大，发展潜力大，因此大量云计算厂商、物联网解决方案参与到物联网平台建设中。

知识创新是全球物联网生态的焦点。全球物联网行业专利申请数量呈现逐年增长态势，第一大技术来源国是中国，截至 2021 年，全球物联网行业专利申请数量为 293958 项，其中中国物联网相关专利数量占全球物联网专利数量的 45.58%。

开源成为当前边缘生态构建的重要运作模式。由基金会运作的开源项目成为解决边缘计算异构化、碎片化的重要方式。Linux 基金会陆续发起 Akraino Edge Stack、EdgeX Foundry 等边缘开源项目，得到全球运营商、设备厂商、软件商的大力支持。Linux 基金会和 Eclipse 基金会合作成立 Kubernetes 物联网边缘工作组，将在超大规模云计算环境中已被普遍使用的 Kubernetes（谷歌开源的容器编排引擎）扩展到边缘，降低边缘应用与硬件之间的紧捆绑，提升边缘侧应用部署便利性和灵活性。

三、中国物联网产业生态建设情况

（一）中央扶持政策频出，地方积极跟进

中国物联网扶持政策频出。根据最新发布的《中华人民共和国国民经济和社会发展第十四个五年规划和 2035 年远景目标纲要》，在"十四五"期间，高度重视新基建，并且 5 次提到关于物联网的规划发展，对物联网发展进行了重点的表述。2020 年 5 月至 2021 年 9 月，工信部等多部门联合发布了《物联网新型基础设施建设三年行动计划（2021—2023 年）》《关于印发物联网基础安全标准体系建设指南（2021 年版）的通知》《工业互联网和物联网无线电频率使用指南（2021 年版）》《"5G+工业互联网"十个典型应用场景和五个重点行业实践》《关于深入推进移动物联网全面发展的通知》《关于推动 5G 加快发展的通知》等政策，为物联网行业的发展注入了催化剂。

地方各级政府也制定相应的实施策略，推动当地物联网行业的发展。2020 年，无锡市政府正式发布《无锡市 5G 产业发展规划（2020—2025 年）》。5G 已成为世界主要国家数字经济战略实施的先导领域，也是世界主要国家抢占未来发展的战略制高点。无锡立足制造强国和网络强国发展战略，积极响应中央加快新型基础设施建设的重大部署，抢抓产业发展机遇，在全国地级市中

第一个出台 5G 产业发展规划。2021 年，无锡的物联网产业规模超 3500 亿元，并入选国家首批先进制造业集群。北京市政府陆续出台了《〈中国制造 2025〉北京行动纲要》《关于积极推进"互联网+"行动的实施意见》《北京工业互联网发展行动计划（2021—2023 年）》等具体的物联网建设规划及方案，以智慧城市物联网解决方案作为突破口和主攻方向，以提升精细化和智能化为导向，以聚集整合创新资源为重点提升、持续增强创新能力，以龙头企业为核心打造产业集群。同时以总体布局规划发展、整体推进核心突破、资源整合开放合作、创新驱动高端发展为四项基本原则，大力推动物联网行业发展。2021 年 8 月，北京市政府发布了《北京市"十四五"时期高精尖产业发展规划》，其中提出要做大新一代信息技术产业，做强集成电路、智能网联汽车等特色优势产业。

（二）产业规模快速增长，资本投资攀升

近几年来，在各地政府的大力推广扶持下，物联网产业逐步壮大。再加之近几年厂商对"物联网"这一概念的普及，民众对物联网的认知程度不断提高，使得我国物联网市场规模整体呈现快速上升的趋势，继续保持全球最大物联网市场体量。中国物联网市场投资前景巨大，发展迅速，在各行各业的应用不断深化，将催生大量的新技术、新产品、新应用、新模式。

投资金额稳定攀升，市场资金愈发向少数优质企业集中。2014—2021 年 10 月物联网行业投融资事件累计发生近 700 起（不

含战略性融资及IPO），2019年为60起，此后基本维持这一水平或略有回升。与此同时，除2020年受疫情影响外，投融资金额稳定攀升，2021年1—10月平均单笔融资金额达1.37亿元，是2018年的2.36倍，物联网投融资市场从爆发式增长的狂热之势转向稳健、理性的价值论证阶段，市场资金愈发向少数优质企业集中。从细分赛道来看，早期资本不断加码，催化了个人与家庭消费侧的智能家居、个人智能硬件等生活应用市场的率先落地。近年受工业互联网等硬政策引导，生产应用这一细分赛道投融资交易频繁、规模显著提升，近三年稳定占据物联网投融资总额的三成份额。整体来看，物联网已进入规模应用验证阶段。

新冠肺炎疫情对于物联网行业来说犹如达摩克利斯之剑，一方面疫情导致全球技术供应链出现一定的停滞期，另一方面疫情助推中国物联网的渗透。无人工厂、无人配送、无人零售、远程教学、远程医疗等"无接触经济"的爆发均离不开物联网技术的支撑。综合多方面的情况分析，未来5年中国物联网的发展将保持高速增长，预计2026年市场规模将超过6万亿元。

（三）产业生态初步建立，企业向应用端聚集

中国覆盖感知层、传输层、平台层和应用层的物联网产业链基本建成。从上市公司的数量分布来看，根据国信证券发布的数据统计，截至2022年7月，中国上市企业中处于感知层的企业共计19家，处于网络层的企业数量为18家，处于应用层的企业数量为33家，处于平台层的企业数量为3家。统计结果虽然在上市

公司范围内进行，但一定程度上反映出中国物联网产业应用层的企业数量最多，平台层的企业数量最少。

网络建设为产业生态发展奠定良好基础，后续发展可期。近年来，中国通过各种相关引导政策，加快 5G 网络和物联网建设。截止到 2022 年 4 月，中国已建成 5G 基站 161.5 万个，数量稳居全球第一。目前中国 5G 技术已从建设期转为应用期，基于 5G 通信技术与垂直行业融合的物联网应用不断拓展，各种业务需求逐步发掘细化，市场需求增长强劲。

物联网应用不断走向智能化，为生态发展提供持续拉动力。物联网的技术不断升级，从简单的监控类应用向智能控制类应用升级。受益于此，物联网应用不再局限于远程抄表等传统监控类场景，而是和各行各业结合，孕育出如车联网、工业互联网、远程作业等高级应用，单个物品连接的价值正不断放大，物联网的产业链能够实现盈利闭环，产业活力提升。智能可穿戴、智能家居等消费物联网应用率先落地，成为物联网应用最快增长的细分领域；随着车联网、工业互联网、智慧城市等产业物联网日渐发力，B 端应用日渐成为物联网连接数持续增长的主要驱动力，车联网、工业互联网等场景尤其受关注。

（四）物联网安全态势严峻，数据安全需加强保障

物联网安全问题凸显，亟待解决。随着越来越多的物联网终端接入到网络中，大量的数据接入点被添加到物联网系统中，这为整体物联网安全防护提出严峻的挑战。根据卡巴斯基的分析，

2021 年上半年，该公司检测到超过 15 亿次物联网攻击，攻击者试图窃取数据、挖掘加密货币或构建僵尸网络，远高于 2020 年下半年的 6.39 亿次。另据 Cybersecurity Ventures 的统计，2021 年网络犯罪使全球损失超过 6 万亿美元。随着全球连接数量的扩大，带来了无数可供黑客利用的新市场和垂直领域，这个数字只会加大。

发达地区的物联网安全形势尤为严峻。根据 CNCERT 监测数据，2022 年 7 月，共捕获物联网恶意样本 471158 个，发现物联网恶意程序传播 IP 地址 55163 个，发现活跃的僵尸网络 C&C 服务器地址 2021 个，其地址位置分布在美国的占比为 33.6%。

在物联网安全隐患中，隐私泄露是危害用户的极大安全隐患，数据安全问题不容忽视。目前主要通过加密和授权认证等方法，让只拥有解密密钥的用户才能读取通信中的用户数据以及个人信息，这样能够保证传输过程不被他人监听。但是如此一来，加密数据的使用就会变得极不方便。因此，需要研究支持密文检索和运算的加密算法。与此同时，物联网核心技术掌握在世界上比较发达的国家手中，这始终会对没有掌握物联网核心技术的国家造成安全威胁。所以，要想解决物联网的安全隐患，必须加大投入力度，攻克技术难关，快速掌握物联网全生命周期的核心技术。

四、结束语

新冠肺炎疫情对世界经济造成深层冲击，国际格局出现新变化，物联网产业发展挑战和机遇并存。在信息技术加速融合、创新发展形势下，中国物联网产业规模快速增长、产业生态初步建立，但安全形势严峻。因此，推动物联网的发展，除了在应用和商业模式上的不断创新，在生态建设上持续加力，还需要不断开展技术创新，特别是围绕数据的智能化应用以及数据安全等方面，在供给侧为物联网发展注入新的活力，为产业生态健康发展提供保障。

　*以上文章仅代表作者本人观点，不代表发布方的观点或立场。如有关于作品内容、版权或其他问题请与发布方联系。

Chapter 6
第六章

06

Future Outlook
未来展望

在历史的航程中，人们一直在追寻建立连接。哥白尼通过日心说揭示了地球和物理宇宙其他部分的连接；达尔文进化论讲述了人类和有机世界其他部分之间的连接；弗洛伊德创立的心理分析学说将自我的理性世界和无意识的非理性世界连接起来。[①] 生态品牌作为一种包罗多方的品牌范式，同样也在建立广泛的连接：连接不同行业，促进跨行业的碰撞与创新；连接多方资源，实现资源的有效获取和利用；连接更多参与方，让各参与方实现价值增值，让整个生态葳蕤蓬勃。

生态品牌建设的道路上充满挑战和机遇。**如何以升级用户体验为增长秘诀，以优化协作机制为行动指导，以构建生态思维为价值引领**，成为品牌建设者们面对的关键议题：

升级用户体验，创造长期价值

在数字化体验时代，品牌顺应"体验为王"的市场趋势，将"以用户体验为中心"作为核心发力点。这不是僵化的口号，利用数据资产落实并升级用户导向的价值体验是生态品牌建设的关键之一。生态品牌应基于用户数据信息的精细化运营与分析，掌握并预测用户需求，将洞察结果转化为多样化、一体化、个性化和持续迭代的产品服务，以满足当今无限的、非线性的、不确定的用户需求。生态品牌需从高体验度出发，加强与终身用户的交互程度，深化消费者的价值体验，

---

① 凯文·凯利.失控.北京：中信出版社，2015：162.

建立深层次的情感共鸣，实现终身用户的积累，以指数裂变的速度扩大品牌影响力，最终实现用户价值对生态价值的积极驱动。

优化共享机制，深化协同共创

跨行业、跨领域的共享共创过程中，平衡信息共享的合规性、时效性、可用性，可持续地共享高质量的资源，实现协同共创和增值，是生态品牌建设者需要持续探索的课题。以数据资源为例，完善的品牌生态既能厘清数据权利边界，又能提高数据价值创造的效率[①]；其他诸如客户、人力、营销、供应链等多维度资源亦是如此。生态品牌应聚焦体系机制的搭建，打造生长"土壤"，从而培育和赋能各类企业从共享到共创、增值。而共创的深度从双边到多边，再到网络化的合作体系，需协调与融合生态合作方多元的动机与诉求，持续动态优化与创新，打造广袤而富有活力的生态系统。

构建生态思维，实现生态共荣

一些有意愿向生态品牌转型的企业往往会从构建产业链入手，通过向组织内聚拢上下游资源，形成额外的竞争力，比如缩小信息差，从而为自身创造商机。但生态品牌不是简单的构建产业链，

---

① 高晓雨. 我国数据开放共享报告 2021. 正定：国家工业信息安全发展研究中心. 2021.

而是通过搭建生态网络，将生态品牌的影响向组织外扩散，使企业间协同效用最大化，最终驱动整个生态内的攸关方为用户乃至社会创造价值。因此，在向生态品牌转型的过程中，企业需要及时转变思维：将价值创造的主体从独立的企业个体转移到生态网络，将价值的受益者从企业自身转移到生态攸关方乃至整个社会。生态组织者更应当发挥领头雁的作用，向生态内的其他参与方输出价值观、方法论或商业资源，最终实现生态的共生、共荣。①

生态品牌之所以成为时代发展的必然结果，不是因为它做了更多的事情，而是因为它做了不一样的事情。在时代的潮流中，生态品牌率先实践，建造了前进的航船；同时赋能生态的所有参

---

① 郝亚洲. 价值生态与商业算法. 清华大学经济管理学院官网. 2021-12-2.
https://www.sem.tsinghua.edu.cn/info/1171/32561.htm.

与方，支持他们实现自身的价值；最重要的是，将生态理念融汇于商业和社会生活的方方面面，启迪与引领所有的生态参与方明确愿景，携手创造长期价值。

为了更好地开展生态品牌实践，应对多重挑战，探索品牌的高质量发展路径，智能经济时代的品牌建设者们可以：

夯实共生共进，建立共同成长、共同进化的生态思维

生态内的各参与方，可以灵活利用生态内的资源，同时贡献自身的能量，达成不断螺旋式上升的状态。这种共同进化的力量在各参与方之间流动，然后不断扩散，直到惠及整个生态。这样一来，由品牌本身、用户、生态合作方等构成的网络就编结起来，成为休戚与共、生生不息的命运共同体。

践行品牌理想，将生态品牌的理念与品牌理想有机结合

品牌理想之所以常常令人欢欣鼓舞，源于它对自身存在的价值以及对世界的意义进行不断地追求和探索。在生态品牌的建设中，可以将生态品牌理念的关键要素与品牌使命、价值观联系起来，引领品牌建设，拓展品牌底蕴，建立丰富、立体的品牌内涵。如此，生态品牌共同进化、价值循环的理念，可以贯穿对外的品牌体验塑造、品牌表现优化，乃至对内的品牌内化激活、品牌管理体系搭建的全过程中。

引领价值创造，着眼于实现"人的价值最大化"

生态品牌的"灯塔之书"《物联网生态品牌发展报告》中讲述到，生态品牌创造新世界的内在动力就是始终致力于实现"人的价值最大化"。这里，"人"的概念包括生态品牌的用户、生态合作方、品牌自身乃至整个社会；"价值"包含用户个性化需求、生态合作方资源需求以及社会福祉等多种类型的价值；"最大化"则蕴含了生态内的各参与方共同进化、创造价值循环及贡献社会价值的意义。生态品牌的建设者们应继续保有实现"人的价值最大化"的内核，打造激发各参与方能动性和创造力的土壤，挖掘和凝聚其潜能，达成多方共赢、生态繁荣。

生态品牌作为新品牌范式，富有生机盎然的韵律和节奏，其与时代脉搏的同频共振日趋明显，越来越多的品牌正在探索生态品牌转型，越来越多的品牌正受益于生态品牌建设。想要洞悉一种新品牌范式所蕴含的智慧与能量，最快捷、最有效的方式就是践行它。山不让尘，川不辞盈，希望所有的品牌建设者都能在智能经济时代闪耀光芒！

ECOSYSTEM BRAND
EVALUATION
生态品牌认证

Appendix

附录

参考文献

1. 杨凌."三个转变"推动河南企业高质量发展.人民网.2020-05-11.
   http://henan.people.com.cn/n2/2020/0511/c351638-34007441.html.

2. 世界经济论坛.2022年全球风险报告.2022-1-11.
   https://www3.weforum.org/docs/WEF_The_Global_Risks_Report_2022.pdf.

3. 王一鸣.物联网：万物数字化的利器.北京：电子工业出版社，2019：
   13-14.

4. 叶子.让专精特新中小企业茁壮成长.中国日报中文网.2021-10-19.
   https://qiye.chinadaily.com.cn/a/202110/19/WS616e3827a3107be4979f3603.html.

5. 程茜.让多种智能家电相容：Matter 在 CES 上火了，通用连接标准才是物
   联网的未来.IT 之家.2022-1-13. https://www.ithome.com/0/598/373.htm.

6. 物联网智库.Matter 协议会成为互联互通的万能钥匙吗？维科网.2021-9-24.
   https://iot.ofweek.com/2021-09/ART-132200-8500-30526595.html.

7. 三易生活.智能家居圈地时代结束，新协议或促成"大一统".凤凰网.
   2021-5-16. https://ishare.ifeng.com/c/s/v002a5wR11FpSu0X58eAHrGe
   pS80FkId611JwmVI3osd-_3A__.

8. 物联之家网.智能家居标准 Matter 发布推迟到秋天.iothome 物联之家.
   2022-3-22. https://www.iothome.com/archives/5933.

9. OLA 联盟.开放智能联盟（OLA）官网.2020-12-1.
   https://ola-iot.com/alliance.html.

10. 廖琦菁. 北大刘学：为何在颠覆性创新的时代，我们强调生态的重要性？ 2022-3-30. https://baijiahao.baidu.com/s?id=1728711314816530286.

11. 徐佳. 新"用户"时代：从用户体验新生态到终身用户的迭代. 哈佛商业评论（中文版），2021-9-30: 24-33.

12. 凯度集团，牛津大学赛德商学院，海尔集团. 物联网生态品牌发展报告. 北京：新华出版社，2020: 63,69.

13. 林泽炎. 创新履行企业社会责任与社会企业发展. 中国发展观察，2020-8-6: 13-14.

14. 李中文，江南，窦瀚洋，窦皓. 践行"八八战略" 打造"重要窗口"（沿着总书记的足迹·浙江篇）. 人民日报. 2022-6-3（1）.

15. 不断做强做优做大我国数字经济. 新华社北京 2022 年 1 月 15 日电

16. 习近平. 把区块链作为核心技术自主创新重要突破口 加快推动区块链技术和产业创新发展. 人民网. 2019-10-26.

17. 凯文·凯利. 失控. 北京：中信出版社，2015: 162.

18. 高晓雨. 我国数据开放共享报告2021. 正定：国家工业信息安全发展研究中心. 2021.

19. 郝亚洲. 价值生态与商业算法. 清华大学经济管理学院官网. 2021-12-2. https://www.sem.tsinghua.edu.cn/info/1171/32561.htm.

致谢

　　生态品牌的探索与研究包罗万象，需凝聚各方的智慧与力量，不断打磨与创新迭代。我们很幸运能够与各领域的研究者、实践者激荡思想，碰撞火花。

　　感谢法国里昂商学院（emlyon business school）对 2022 年生态品牌认证提供的学术支持。

　　感谢品牌联盟对 2022 年生态品牌认证的战略支持。

　　感谢专家委员会对 2022 年生态品牌认证的指导。

专家委员会

Andrew Stephen 安德鲁·史蒂芬	牛津大学赛德商学院教研副院长
陈宇新	上海纽约大学商学部主任、纽约大学斯特恩商学院市场营销学教授
Felipe Thomaz 费利佩·托马斯	牛津大学赛德商学院市场营销学副教授、"未来营销倡议组织"研究学者
Fred Feinberg 弗雷德·范伯格	密歇根大学罗斯商学院约瑟夫·汉德曼市场营销学讲席教授、统计学教授、市场营销学院主任
蒋德嵩	长江商学院中国发展模式研究中心、中国与全球化研究中心执行主任

刘学	北京大学光华管理学院组织与战略管理系教授
陆定光	法国里昂商学院市场营销学教授、法国里昂商学院欧亚品牌管理中心主任
罗松	中国信息通信研究院工业互联网与物联网研究所副所长
戎珂	清华大学社会科学学院教授、经济所副所长
王华	法国里昂商学院副校长、亚洲校长、亚欧商学院法方院长
王幸	凯度集团大中华区 CEO、凯度 BrandZ™ 全球主席
吴晓华	中国宏观经济研究院副院长
于保平	复旦大学管理学院商业知识发展与传播中心主任
朱岩	清华大学互联网产业研究院院长、清华大学经济管理学院教授、博士生导师
朱兆颖	上海人工智能发展联盟副秘书长、国家人工智能标准总体组专家、AIII 人工智能产业研究院院长

（以上名单不分先后）

感谢以下贡献者为 2022 年生态品牌认证提供了宝贵的专业洞察和支持：

Elizabeth Smethurst，Michelle Thorpe，鲍琪，卜亚君，曹建兵，党博，何燕臣，侯群，李佳骅，李天爱，李晓睿，刘嘉，慕现敏，史欣扬，唐伟，王安祺，王娟，王卓彦，谢雪，徐雨馨，张超，张璞。

（以上名单不分先后）

感谢以下品牌建设者为 2022 年生态品牌认证做出的积极贡献，感谢以下品牌提供了宝贵的实践案例：

海尔   **Haier**

海尔集团创立于 1984 年，是全球领先的美好生活和数字化转型解决方案服务商。海尔始终以用户体验为中心，连续 4 年作为全球唯一物联网生态品牌蝉联"BrandZ™最具价值全球品牌100强"，连续 13 年稳居"欧睿国际全球大型家电零售量排行榜"第一名。

海尔集团拥有 3 家上市公司，旗下子公司海尔智家位列《财富》世界 500 强和《财富》全球最受赞赏公司，拥有海尔 Haier、卡萨帝 Casarte、Leader、GE Appliances、Fisher & Paykel、AQUA、Candy 七大全球化高端品牌和全球首个场景品牌"三翼鸟 THREE WINGED BIRD"，构建了全球引领的工业互联网平台卡奥斯 COSMOPlat 和物联网大健康生态品牌盈康一生，在全球设立了 10+N 创新生态体系、71 个研究院、30 个工业园、122 个制造中心和 23 万个销售网络，旗下海创汇创业加速平台孵化了 7 家独角兽企业、102 家瞪羚企业、71 家专精特新"小巨人"。

海尔集团聚焦实体经济，布局智慧住居、产业互联网和大健康三大主业，致力于携手全球一流生态合作方，持续建设高端品牌、场景品牌与生态品牌，以科技创新为全球用户定制个性化的智慧生活，助力企业和机构客户实现数字化转型，推动经济高质量增长和社会可持续发展。

宝马集团

宝马集团是全世界最成功的汽车和摩托车制造商之一，旗下拥有 BMW、MINI、Rolls-Royce 和 BMW Motorrad 四个品牌，同时还提供汽车金融和高档出行服务。作为一家全球性公司，宝马集团在 15 个国家拥有 31 家生产和组装工厂，销售网络遍及 140 多个国家和地区。

2021 年，宝马集团在全球共售出超过 250 万辆汽车和超过 19.4 万辆摩托车。2021 年，集团总收入达到 1112 亿欧元，税前利润达到 161 亿欧元。截至 2021 年 12 月 31 日，宝马集团在全球共有 118909 名员工。

宝马集团的成功源于其前瞻未来的远见和具有高度责任感的行动。宝马集团在整个价值链中贯彻生态和社会的可持续性发展策略，全面的产品责任以及明确的节能承诺已成为宝马集团企业战略的重要内容。

平安智慧城市

杜　鹏　中国平安集团党委副书记
　　　　兼智慧城市委员会常务副主任
　　　　兼科技委员会副主任
何　实　平安智慧城市副总经理
胡玲玲　平安智慧城市行政品宣总经理
李嘉文　平安智慧城市行政品宣经理

　　平安国际智慧城市科技股份有限公司（简称"平安智慧城市"）是平安集团旗下专注于新型智慧城市建设的科技公司，也是平安智慧城市生态圈的主要建设载体。

　　在"十四五"时期新发展格局下，平安智慧城市秉持"优政、兴业、惠民"的建设理念，积极响应国家号召，运用大数据、云计算、区块链、人工智能等前沿技术推动城市管理手段、管理模式、管理理念创新；全面助推新时代数字政府、数字经济、数字社会、数字生态发展，让城市更聪明、更智慧！

　　目前，平安智慧城市已与全国超过 152 个城市以及多个"一带一路"沿线国家和地区展开合作。

| 京东方 | BOE |

司　达　京东方科技集团副总裁、首席品牌官

张　莹　京东方科技集团品牌中心中心长

张　贺　京东方科技集团融媒体中心中心长

张杨赞　京东方科技集团品牌经理

京东方科技集团股份有限公司（BOE）创立于1993年，是全球半导体显示龙头和物联网创新企业，为信息交互和人类健康提供智慧端口产品和专业服务。京东方的企业愿景为Best On Earth，代表京东方立志成为"地球上最受人尊敬的伟大企业"的极高志向。

京东方基于核心基因和能力提出"屏之物联"发展战略，并战略布局"1+4+N"事业群："1"是物联网转型的策源地和原点，是京东方在半导体显示领域所积累沉淀的核心能力与优质资源；"4"是基于核心能力和价值链延伸选定的高潜航道与发力方向，是物联网创新事业、传感器及解决方案、MLED及智慧医工事业4条主战线；"N"是转型发展的着力点，是基于核心技术产品开拓耕耘的物联网应用场景。

在专利储备上，截至2021年，京东方累计可使用专利超7万件。在美国专利服务机构IFI Claims发布的2021年美国专利授权量统计报告中，京东方排名跃升至No.11，连续四年跻身TOP20；在世界知识产权组织（WIPO）2021年全球国际专利申请排名中，京东方位列No.7，连续六年进入TOP10。

　　京东方的品牌使命是"用心改变生活"，期望以创新科技赋能美好生活，在家庭、在广场、在每个人类生活的地方，眼之所见，心之所想，皆有京东方的存在。

钉钉　　　　　　　　

钉钉是阿里巴巴集团打造的全球最大企业级智能移动办公平台，是数字经济时代的企业组织协同办公平台和应用开发平台，是新生产力工具。

在数字经济规模高速增长的今天，钉钉作为数字化、智能化管理思想的载体，通过打造简单、高效、安全、智能的数字化未来工作方式，助力企业的组织数字化和业务数字化，实现企业管理"人、财、物、事、产、供、销、存"的全链路数字化，提升企业的经营管理效率。

截至 2021 年 8 月 31 日，钉钉用户数已经突破 5 亿个，包括企业、学校在内的各类组织数超过 1900 万个。2022 年 3 月，钉钉正式宣布品牌升级，推出了全新的品牌主张"让进步发生"，代表钉钉从规模时代进入价值时代。钉钉认为，数字化从来不是少数人的权利，而是千行百业共同进步。每一个人、每一个组织、每一家企业都应该被数字化普惠。

中粮

　　中粮（COFCO）是与新中国同龄的国民品牌，中国农粮行业领军者，全球布局、全产业链的国际化大粮商。中粮以农粮为核心主业，聚焦粮、油、糖、棉、肉、乳等品类，同时涉及食品、金融、地产领域。

　　中粮不断完善农粮主业资产布局，持续提升大宗农产品经营能力，促进农产品采购、储存、加工、运输和贸易环节上下游协同一体，以市场化的方式高效保障粮油供应。

　　2021年度，中粮整体营业总收入6649亿元，利润总额238亿元。

　　在全球，中粮积极推动拓展海外布局，形成了遍及主产区和主销区的农产品贸易物流网络，从事谷物、油脂油料、糖、肉、棉花等大宗农产品采购、储存、加工、运输和贸易，在南美、黑海等全球粮食主产区和亚洲新兴市场间建立起稳定的粮食走廊。中粮近一半营业收入来自海外，农产品全球年经营总量是中国年进口量的一倍以上。

　　在中国，中粮是最大的粮食市场化品牌，是大豆、小麦、玉米、食糖等农产品进出口的执行主体。年综合加工能力超过9500万吨，为国人提供日常消费的主要农产品品类，旗下"福临门""长城""蒙牛""酒鬼""中茶""家佳康"等子品牌享誉中国市场。

中信银行

谢志斌　　中信银行党委委员、副行长
朱义明　　中信银行交易银行部总经理
李志涛　　中信银行信用卡中心总经理

　　中信银行成立于 1987 年，是中国改革开放中最早成立的新兴商业银行之一，是中国最早参与国内外金融市场融资的商业银行，并以屡创中国现代金融史上多个第一而蜚声海内外，为中国经济建设做出了积极贡献。2007 年 4 月，本行实现 A+H 股同步上市。本行以建设成为"有担当、有温度、有特色、有价值"的最佳综合金融服务提供者为发展愿景，充分发挥中信集团"金融 + 实业"综合平台优势，坚持"以客为尊，改革推动，科技兴行，轻型发展，合规经营，人才强行"，向企业客户和机构客户提供公司银行业务、国际业务、金融市场业务、机构业务、投资银行业务、交易银行业务、托管业务等综合金融解决方案，向个人客户提供零售银行、信用卡、消费金融、财富管理、私人银行、出国金融、电子银行等多元化金融产品及服务，全方位满足企业、机构及个人客户的综合金融服务需求。截至 2021 年年末，本行在国内 153 个大中城市设有 1415 家营业网点，在境内外下设 7 家附属机构。本行坚持服务实体经济，稳健经营，与时俱进，已成为一家总资产规模超 8 万亿元、员工人数近 6 万名，具有强大综合实力和品牌竞争力的金融集团。

2022 年，本行在英国《银行家》杂志"全球银行品牌价值 500 强排行榜"中排名第 21 位；一级资本在英国《银行家》杂志"世界银行 1000 强排行榜"中排名第 19 位。

| 特斯联 | **TERMINUS**
特斯联 |

艾 渝 特斯联创始人兼 CEO

孙 赟 特斯联高级副总裁

特斯联是光大集团新科技板块代表企业，是光大控股（股份代号：165.HK）在新经济领域发展的核心战略平台。特斯联坚持以 AIoT（人工智能物联网）和碳中和为双轮引擎，聚焦城市智能化战略，通过智能物联网技术和端到端一体化服务，赋能城市可持续发展，创造美好幸福生活。

特斯联积极响应国家"双碳"战略，专注城市空间智能场景应用，推出基于 AIoT 和城市商业场景深度融合优化的城市级操作系统 TacOS，以智能技术赋能"双碳"应用，为单体建筑、社区、园区、城区四类城域场景打造有智慧、有互动、有协同、有温度的一体化解决方案。

泰雷兹

邱莉娜　泰雷兹中国区政府事务与企业传播副总裁

关　莹　泰雷兹中国区企业传播部经理

刘晓阁　泰雷兹中国区企业传播专员

作为全球先进科技的领导者之一，泰雷兹（泛欧证券交易所：HO）致力于投资数字化和深度科技创新——互联互通、大数据、人工智能、网络安全和量子计算，构建对社会发展至关重要的自信未来。集团为其所在的五大市场，包括航空、航天、轨道交通、数字身份与安全等领域的客户提供解决方案、服务及产品，帮助各类企业、机构和政府实现关键任务，并将人作为所有决策背后的主导力量。

泰雷兹全球 81000 名员工遍布 68 个国家，2021 年集团销售收入达 162 亿欧元。

德力西电气

黄　曜　德力西电气品牌及产品市场总监
胡晓春　德力西电气品牌中心负责人
刘　瑜　德力西电气品牌经理
梁　爽　德力西电气品牌公关

　　作为中国改革开放第一代优秀民营企业之一，德力西集团历经近四十载的不懈奋斗，在广大客户和合作伙伴的长期信赖与支持下，于 2007 年与世界 500 强企业施耐德电气强强携手，合资成立德力西电气有限公司（简称"德力西电气"）。德力西电气业务覆盖配电电气、工业控制自动化、家居电气三大领域，致力于以高性价比、高效率和高质量的产品与服务，为全球新兴市场客户创造舒适、美观、安全、智能的居家用电环境和专业、安全、可靠、高效的工业自动化用电环境，创领中国低压电气行业企业发展新模式。

　　以客户和合作伙伴的利益为出发点，德力西电气坚持以技术创新、质量保障、五星服务、品牌驱动为经营理念，打造电气全产业链新生态。发展至今，已拥有 700 多家一级代理商、60000 多家线下门店、多个线上销售平台和合作伙伴、5 个研发中心、3 个国家级实验室、3 大自动化工业生产基地、五星级客户支持服务团队、17 个国内物流中心以及数十个运输合作伙伴、1 个国际物流中心和在发展中国家的 4 大业务合作伙伴，业务遍及全球 60 多个国家，以持续一致的全方位品牌建设及宣传，致力于在全球范围内创造最佳客户体验闭环。

骊住

陶　江　骊住水科技集团大中华区领导

王　琼　骊住水科技集团大中华区市场营销领导

　　骊住水科技集团是一家全球卫浴与家装产品制造商，致力于帮助世界各地的消费者应对日常生活中的各种挑战，让人们无论身在何处都能享有更美好的家。通过从日本传统汲取精华，不断创新以制造改善居家环境的产品。骊住的特别之处在于：通过有意义的设计、坚持开拓进取精神、致力于提升产品的使用体验，以负责任的方式推动业务增长。骊住的经营理念通过品牌得以彰显，它们包括德国高仪、美国美标和日本伊奈等。骊住的业务遍及全球 150 个国家，拥有约 60000 名员工，他们每天生产制造着影响 10 亿多人生活的产品。

康师傅

康师傅

王世琦　康师傅控股执行长室副总裁兼可持续发展委员会总协调

　　民族品牌企业康师傅于 1992 年开始生产方便面，并自 1996 年起扩大业务至方便食品及饮品，目前已发展成为全球最大的方便面企业，世界第一的茶饮料企业，2021 年营业额 740 亿人民币，员工 6 万多人。2012 年完成与百事中国饮料业务战略联盟，开始独家负责制造、灌装、包装、销售及分销百事于中国的非酒精饮料。同时，康师傅亦是星巴克中国即饮咖啡独家生产和分销商，并成为上海迪士尼度假区首要饮品供应商，是国家体育总局冬运中心运动方便营养膳食合作伙伴、中国航天事业合作伙伴，2020 年入选联合国开发计划署中国企业可持续发展优秀案例，2021 年正式加入联合国推进可持续发展的重要平台——联合国全球契约组织（UNGC）。

凯度集团、牛津大学赛德商学院、《财经》杂志介绍

生态品牌认证

生态品牌认证由凯度集团、牛津大学赛德商学院、《财经》杂志联合发起，法国里昂商学院提供学术支持，对传统品牌向生态品牌转型过程中的进度和成果展开评估。通过向全球范围内的企业和品牌开放生态品牌的认证，旨在激励和助力更多企业参与生态品牌建设，把握时代先机，实现基业长青与可持续发展。

凯度集团

凯度是全球领先的品牌数据与分析公司。我们对全球各国的人们拥有完整和独特的认识：我们懂得他们是如何思考、感受和行动的；我们有覆盖全球超过 90 个市场的规模优势，也有专注本地的深度洞察。凯度的实力来自于丰富经验的专家团队、强大可靠的数据资源与评估标准体系，以及创新的数据算法与技术。我们帮助客户深度洞察人性，捕捉增长灵感。

牛津大学赛德商学院

　　牛津大学赛德商学院诞生于新老文化的融合中。这是一所充满活力和创新的商学院，同时深深植根于一所拥有 800 多年历史的世界顶级大学——牛津大学。赛德商学院开展具有全球影响力的项目和思考，同时指导学生实现商业生涯的成功，并作为学院的一分子积极寻求解决全球问题的方法。赛德商学院提供全球顶级课程，包括备受推崇的 MBA、EMBA、诸多专业领域的计算机硕士学位、定制和开放课程组合以及高管认证文凭，并通过开展突破性的研究，改变个人、组织、商业和社会。赛德商学院是一所国际化和开放的学院，其课程参与者来自 50 多个国家。赛德商学院力求成为一所植根于世界一流大学的全球顶尖商学院，以解决全球范围的问题。

Andrew Stephen 安德鲁·史蒂芬

　　安德鲁·史蒂芬教授是市场、媒体和广告行业的学术权威，致力于研究以技术为中心的未来营销实践。他还是牛津大学赛德商学院的教研副院长。此外，他是牛津大学未来营销倡议组织（Oxford Future of Marketing Initiative）的创始人。该组织是学术研究人员与一些世界领先的品牌、机构和科技公司的合作网络，旨在通过严谨的学术研究和实践的循证思想作为指导来塑造营销学科的未来。他致力于推动营销、消费者心理学和技术的交融。最近，安德鲁教授被美国市场营销协会认可为全球顶级市场营销学者之一，并且在英国排名第一。

Felipe Thomaz 费利佩·托马斯

费利佩·托马斯是市场营销学的副教授，也是"未来营销倡议组织"的研究学者。他是市场战略和数字市场领域的专家，尤其关注公司业绩。他的研究通过图形理论与社会网络分析法为身处数字化浪潮的组织提供了新颖的见解和管理工具。费利佩与许多全球领先的公司、政府和非营利组织保持合作。他曾以专家身份在联合国大会上作报告，并担任牛津马丁学院反非法野生动物贸易项目、牛津互联网研究所技术和选举委员会、牛津人工智能与可持续发展倡议的指导顾问。他是牛津大学多项创新项目的发起者，也是增强智能实验室（Augmented Intelligence Labs）的联合创始人。增强智能实验室是一家校企合作公司，旨在提供前沿的决策支持、智能管理工具和支持全球市场分析的智慧营销技术。

《财经》杂志

《财经》杂志由中国证券市场研究设计中心主办，创刊25年来，始终秉承"独立立场，独家报道，独到见解"的编辑理念，以权威性、公正性、专业性的新闻原则，密切关注中国经济制度变革与现代市场经济进程，全面观察并追踪中国经济改革的重大举措、政府决策的重要动向和资本市场建设重点事件；同时关注海外的重大经济、时政要闻，并通过记者现场采访获取第一手资讯，以大量深入细致的调查报道和深刻前瞻的观点评论，不断扩大中国媒体报道空间与深度，推动改革与开放进程。2003年起，《财经》年刊正式出版；2008年，《财经》年刊英文版首次刊出。

《财经》杂志现已成为中国最具全球视野和国际影响力的主流媒体之一，是中国政经学界决策者、研究者、管理者的必读刊物，被公认为中国最具影响力的财经新闻杂志之一，具有深厚和广泛的国内、国际影响力。

商标声明

　　凯度的名称、商标、标志或标语始终归凯度所有，且凯度保留所有权利。未经凯度的书面同意，任何组织或个人不可使用本书中与凯度相关的名称、商标、标志或标语。The Saïd Business School（赛德商学院）隶属于牛津大学，The University of Oxford（牛津大学）和 Oxford（牛津）为 The Chancellor, Masters and Scholars of the University of Oxford（牛津大学）的注册商标。财经 CAIJING MAGAZINE、财经 CAI JING MAGAZINE、财经 BUSINESS & FINANCE REVIEW 为北京《财经》杂志社有限公司的注册商标。在本书中出现的其他注册商标或商标，公司、产品或服务名称以及其他名称，属于各自所有者资产。

免责声明

　　本书所载资料仅供一般参考用，并非针对任何个人或组织的个别情况而提供的专业建议或服务。虽然本书已致力于提供准确和及时的案例及数据，但本书对这些案例及数据在您收取本书时或日后的准确性、完整性和可靠性不做任何明示或暗示的担保。在做出任何可能影响您的财务或业务的决策或采取任何相关行动前，您应咨询专业顾问。凯度集团、牛津大学赛德商学院、《财经》杂志均不对任何基于本书做出的决策或行为而导致的任何损失承担责任。

版权声明

本书由凯度集团、牛津大学赛德商学院、《财经》杂志共同制作，请原文转载或不加修改地引用其中的内容、数据或图表，并注明来源"凯度＆牛津＆《财经》"。未经事先书面授权许可，任何组织与个人不得修改、曲解本书的全部或部分内容，对本书内容的任何自行加工与解读均不代表凯度集团、牛津大学赛德商学院、《财经》杂志的观点与立场，由此产生的不良影响，凯度集团、牛津大学赛德商学院、《财经》杂志均不承担任何责任，并保留诉诸法律的权利。本书中所有的文字、图片、表格均受《中华人民共和国著作权法》和其他法律法规以及有关国际公约的保护。部分文字和数据采集于公开信息，所有权为原著者所有。凯度集团、牛津大学赛德商学院、《财经》杂志可能不经通知修改本书中的内容，恕不另行通知。

凯度集团、牛津大学赛德商学院及《财经》杂志保留所有权利。

如果您想获取更多的信息，欢迎联系：ebe@ecosystembrand.com

生态品牌认证
官方网站

凯度
微信公众号

财经杂志
微信公众号

哈佛商业评论
微信公众号

后 记

匡乐成

新华出版社党委书记、社长

现代管理学领域著名学者彼得·德鲁克曾经说过："动荡时代最大的危险不是动荡本身，而是仍然用过去的逻辑做事。"在价值共享的智能经济时代，物联网、大数据、AI、云计算等新一代信息技术已经处于深度交叉融合的状态，新一轮技术革命已悄然来临，生态创新在商业领域和工业领域衍生出诸多成功案例。有别于"产品品牌""平台品牌"等为人熟知的概念，张瑞敏先生在 2018 年 4 月首次提出了"生态品牌"这一颇具时代前瞻性的新概念。

作为新华社主管主办的中央级出版社，新华出版社肩负着传播时代精神、沟通世界文化、传递先进理念的使命和职责。基于对生态品牌新范式的关注，也为了向读者介绍生态品牌与传统品牌的差异和优势，2020年12月，新华出版社与凯度集团、牛津大学赛德商学院、海尔集团合作，出版了《物联网生态品牌发展报告》一书。该书出版后，受到读者、媒体、学界和企业界的广泛好评。该书的出版，可以说是生态品牌研究领域的一个重要事件，被誉为品牌进化的"灯塔之书"。

生态品牌势能的释放最终是为了实现"人的价值最大化"，即基于用户个性化需求和生态合作方需求，实现生态内各方的体验迭代和价值增值。自张瑞敏先生提出这一概念已过去四年多的时间，"生态品牌"这一新品牌范式已经获得企业家、消费者、政府、媒体、学者等各方面的赞赏，越来越多的企业主动加入生态品牌共建的行列中。为了让生态品牌这个概念更加深入人心，新华出版社与凯度集团、牛津大学赛德商学院、《财经》杂志合作，共同推出了《生态品牌发展报告（2022）》一书。

实业兴，则品牌兴；品牌兴，则国家兴。在建设品牌强国的道路上，"生态品牌"这一新品牌范式无疑会占有重要的一席之地。人民有需求，社会才会有发展，在满足"人民日益增长的美好生活需要"这一时代命题之下，出版本书也是我们的应尽之责。

我们相信，本书的出版，将成为生态品牌进化的"领航之书"，必将在生态品牌发展史上留下浓墨重彩的一笔。

本书能在半年之内成书，还要诚挚感谢参与该书创作的各位专家、学者、领导、研究团队及生态品牌认证参与方的鼎力支持和提供的方便。